Conny Koppers
Meine Reise zum Himmel

Conny Koppers

MEINE REISE
ZUM
HIMMEL

Lisann

Lisann Verlag

ISBN 978-3-98763-007-1

1. Auflage 2023
Copyright © Lisann Verlag, Robby Altwein,
Weidenstr. 10a, 26757 Borkum
Alle Rechte sind vorbehalten.

Alle Bibelzitate wurden folgender Bibelausgabe entnommen:
Lutherbibel 1912
Umschlaggestaltung: Bigpoints
Abbildungen auf dem Umschlag: lilkar @depositphotos.com /
ASTA Concept @stock.adobe.com / Tony A @stock.adobe.com
Illustrationen Innenteil: Randy Sendiang
Lektorat: Michaela Ebbinghaus
Satz: Maria Hecher
Druck und Bindung: GGP Media GmbH, Pößneck
Printed in Germany.

www.lisann-verlag.de

„Und ich sah einen neuen Himmel und eine neue Erde; denn der erste Himmel und die erste Erde verging, und das Meer ist nicht mehr."

(Offenbarung 21:1, LU12)

INHALTSVERZEICHNIS

VORWORT

Eines Tages erschien Jesus mir und verkündete, er wolle mir den Himmel zeigen. Ich wusste zu diesem Zeitpunkt noch nicht, dass daraus ein Buch entstehen würde. Nachdem ich diese intensiven Einblicke erhielt, setzte ich mich an meinen Laptop und schrieb nieder, was mir gezeigt wurde. Meine Reise zum Himmel faszinierte und überraschte mich zugleich. Vieles war anders, als ich erwartet hatte. Mir wurde gesagt, dass mir nur ein kleiner Teil des Himmels gezeigt würde, doch selbst dieser kleine Teil reicht aus, um den Himmel augenblicklich zu lieben. Die Größe des Himmels ist unfassbar. Und seine Schönheit ist mit Worten kaum zu beschreiben.

Indem du dieses Buch liest, kannst du selbst einen Einblick in den Himmel erhalten. Sei also nicht überrascht, wenn du plötzlich Visionen hast. Gott und den Engeln ist es sehr wichtig, dass wir Menschen von der Schönheit des Himmels erfahren. Nach unserem irdischen Leben geht es weiter. Für jeden Menschen und für jedes Tier. Wir sind unsterblich. Wir sind geschaffen für die Unendlichkeit. In Liebe, Frieden und unendlicher Freude. Du erfährst in diesem Buch jedoch nicht nur wie der Himmel ist, sondern auch, welchen Plan Gott für die Erde hat. Dieser Plan ist so gut und aufregend, dass wir uns auf die Zukunft freuen dürfen.

DAS TOR ZUM HIMMEL

Ich stehe am Tor des Himmels. Es ist groß und leuchtet golden. Aus dem Tor selbst scheint helles, silbriges Licht zu strahlen. Edelsteine funkeln auf den Mauern aus Licht, die den Himmel umgeben. Überall sind Blumen. Rosen und Narzissen schmücken den Eingang. Die Blumen sind lebendig, sie wiegen sich zum Klang, der in der Luft liegt. Diese Musik hat keinen direkten Ausgangspunkt. Sie ist überall und erfüllt die Luft mit Segen. Im Himmelstor nehme ich plötzlich Umrisse wahr. Die eines Engels. Er hat tatsächlich Flügel. Sie sind bereits zusammengefaltet. Majestätisch hängen sie an seinem Rücken unterhalb seiner Schultern und reichen fast bis auf den Boden. Er trägt ein helles Gewand, das in vielen Pastelltönen leuchtet. Ich erinnere mich, schon einmal diese Art von Kleidung gesehen zu haben.

Als ich noch ein sehr kleines Kind war, hatte mich am Abend ein Engel besucht. Er saß in ein solches Gewand gekleidet an meinem Bett. Ich war fasziniert und konnte nichts anderes mehr anschauen als diesen Engel mit den feinen Gesichtszügen und seinem schillernden, himmlischen Kleid. Ich erinnere mich nicht daran, was er sagte, aber ich erinnere mich an die friedliche Energie, die er ausstrahlte. Genauso strahlt jetzt dieser Engel am Himmelstor Frieden aus. Er lächelt und breitet die Arme aus.

«Wie schön, dass du da bist», sagt er und bittet mich mit einer Geste hinein.

Gemeinsam durchschreiten wir das Himmelstor. Schlagartig wird es noch heller. Ich versuche, die Quelle des Lichtes ausfindig zu machen. Gibt es hier eine Sonne?

Der Engel lacht. Er sagt: «Wir brauchen hier keine Sonne. Gott selbst ist das Licht, das den Himmel erleuchtet. Du wirst es nicht nur sehen, sondern auch fühlen. Atme dieses Licht ein, es wird dich stärken.»

Ich nehme einen tiefen Atemzug. Es ist tatsächlich so, als würde das Licht durch meinen ganzen Körper fließen und mich erfrischen. Ich habe noch immer

meinen menschlichen Körper. Doch alles fühlt sich viel leichter an.

Der Engel sagt mir, dass mein geistiger Körper nun im Himmel sei und mein irdischer Körper davon profitieren würde. Ich frage mich, ob ich fliegen kann.

«Nein, fliegen kannst du nicht, denn du bist noch nicht an die Himmelsenergie angepasst. Außerdem bist du hier nur zu Besuch, um den Menschen vom Himmel zu berichten. Du wirst dich damit begnügen müssen, durch den Himmel zu laufen. Wenn du schneller sein willst, haben wir auch Fortbewegungsmittel, die dich in kürzester Zeit an einen anderen Ort bringen werden.»

Fortbewegungsmittel im Himmel?

«Ja, warum denn nicht?», greift der Engel meine Gedanken auf. «Wir lieben und genießen diese Reisen genau wie ihr. Obwohl unsere Transportmittel mit euren nicht wirklich zu vergleichen sind.»

Ich bin neugierig auf diese Transportmittel, doch der Engel sagt: «Lass uns erst die passende Garderobe für dich finden. Du willst doch nicht in Jogginghose durch den Himmel spazieren, oder?»

Der Engel lächelt. Ich schaue an mir herunter. Ich trage tatsächlich meine gemütliche Jogginghose, die ich gern anhabe, wenn ich zuhause bin. Ich hoffe, dass mich nicht zu viele Leute im Himmel in diesem Aufzug sehen, und folge dem Engel. Jetzt kann ich ihn von hinten betrachten. Sein Haar reicht ihm bis über die Schultern und die Flügel schimmern in Goldtönen. Ich frage mich, ob alle Engel Flügel haben.

Der Engel dreht sich zu mir um, lächelt und sagt: «Nicht alle, es gibt verschiedene Engel. Ich bin ein Engel mit Flügeln, da ich zu den Cherubim gehöre.»

Mir fällt auf, dass ich den Namen des Engels noch nicht kenne.

«Ich bin der Engel Sebastian. Und ja, ich war bereits auf der Erde. Ihr kennt mich als den heiligen Sebastian.»

«Gehen viele Engel zur Erde?», frage ich ihn.

«Du bist selbst einer», antwortet er und strahlt mich an. «Glaubst du, du könntest sonst so einfach mit uns reden?»

Plötzlich habe ich eine Szene aus der Vergangenheit vor Augen. Ich sehe mich vor Gottes Thron stehen. Er sagt zu mir: «Du musst zur Erde niederfahren. Ich mache mir Sorgen um mein Volk. Die Menschen sind sehr durcheinander und haben ihren Ursprung und ihre eigentliche Bestimmung aus den Augen verloren. Ich werde die Erde in naher Zukunft erneuern. Bereite sie darauf vor. Geh hinunter und berichte vom Himmel, von den Engeln und von mir. Ich segne dich für diese Aufgabe.»

Begeistert war ich von dieser Aufgabe nicht gerade, denn mir war bewusst, was ein Erdenleben bedeutet.

Sebastian schaut mich mit einem sanften Blick an und sagt: «Bis jetzt hast du es gut gemeistert.»

Mir ist bewusst, dass der Engel alles weiß. Mir ist das ein bisschen unangenehm, denn in meinem Leben war nicht alles engelhaft.

«Mach dir keine Sorgen», beruhigt er mich. «Wir wissen, welche Herausforderungen das Leben mit sich bringt. Im Großen und Ganzen hast du es mit Bravour gemeistert. Wir sind stolz auf dich.»

Während wir durch den Himmel schreiten, begegnen wir zwei weiteren Engeln. Einer von ihnen ist in ein wunderschönes rosa Gewand gehüllt, der andere in ein weißes. Beide haben Flügel. Sie lächeln mir freundlich zu. Der Engel in Weiß segnet mich mit einer Handbewegung, die einem Kreis ähnelt.

Als sie an uns vorübergegangen sind, sagt Sebastian: «Das waren Erzengel Gabriel und Erzengel Chamuel.»

Erzengel Gabriel liebe ich sehr, denn ich fühle mich ihm sehr verbunden.

Engel Sebastian erklärt sogleich: «Er ist dein persönlicher Erzengel, da ist es kein Wunder, dass du ihn besonders magst. Sein weißes Himmelslicht leuchtet auch in dir, denn du gehörst zu den Engeln der Prophezeiung. Du bist eine Verkünderin der Hoffnung, wie auch Gabriel ein Verkünder der Hoffnung ist.»

Diese Wahrheit erfüllt mich mit großer Freude, obwohl ich es schon lange ahnte. Engel Sebastian sagt mit einem Schmunzeln: «Du solltest mehr auf deine Intuition achten und nicht so viel zweifeln.»

Wenn das immer so einfach wäre.

«Keine Ausreden», ermahnt mich Engel Sebastian liebevoll. «Wir sind gleich da. Wir gehen in die Engelschneiderei. Sie wird dir gefallen.»

Die Engelschneiderei ist ein großer Tempel mit einer reich verzierten Fassade und zahlreichen Türmen.

«Hier wird die Garderobe der Engel hergestellt», sagt Engel Sebastian. «Menschen, die gern mit Stoffen und Designs gearbeitet haben oder gerne damit gearbeitet hätten, können hier lernen und Mode entwerfen.»

Ich erinnere mich daran, dass ich als Jugendliche auch gerne Mode entworfen hätte. Mit meiner Freundin Danie war ich damals oft in ein großes Stoffgeschäft gegangen. Wir hatten uns die Stoffe angeschaut und davon geträumt, selbst Mode zu schneidern. Allerdings ist es nie dazu gekommen.

«Weil du eine andere Aufgabe hattest», unterbricht Engel Sebastian meine Gedanken. «Außerdem hast du bereits in einem anderen Leben Mode hergestellt. Du warst in Atlantis eine angesehene Designerin für Mode, Schmuck und Möbel. Dein künstlerisches Talent nimmst du in jedes weitere Leben mit.»

Ich folge Engel Sebastian ins Innere des Modetempels. Eine Frau mit leuchtend blauen Augen tritt auf mich zu. «Wir haben schon auf dich gewartet. Möchtest du dir ein paar Kleider anschauen?»

«Sehr gerne», antworte ich.

Die Frau führt mich in einen Raum voll mit engelhaften Kleidern. Alles glitzert und schimmert. Die Stoffe wirken edel und kostbar. Ich sehe ein Kleid, das meine Erwartungen weit übertrifft. Es ist aus goldenem Stoff und mit kleinen Blüten bestickt.

«Möchtest du in dieses Kleid hineinschlüpfen?», fragt die Frau.

Ich nicke nur und kann es kaum glauben. Sie holt das Kleid und ich probiere es an. Es passt wie angegossen.

Engel Sebastian grinst. «Es wurde für dich angefertigt. Wir kennen deinen Geschmack. Außerdem ist Gold eine deiner Seelenfarben.»

Die Frau mit den leuchtenden Augen kommt mit einer kleinen Krone in der Hand auf mich zu und setzt sie mir aufs Haar. Sie führt mich zu einem schön verzierten Spiegel. Als ich mich ansehe, fühle ich mich wie eine Prinzessin. In diesem Moment flammt eine Erinnerung an ein Leben als adlige Person in mir auf.

Engel Sebastian sagt: «Jetzt bist du bereit, Jesus zu begegnen.»

DER FLUG ZUM SCHLOSS JESU

Als wir den Tempel verlassen, betrachte ich den Himmel genauer. Er hat zahlreiche Farben, die sanft ineinanderfließen. Große und kleine Vögel fliegen an uns vorbei. Sie scheinen zu spielen.

«Hier müssen sie sich nicht mehr um Futter sorgen oder um ihre Jungen», lässt Sebastian mich wissen. «Sie können hier nach Herzenslaune spielen und ihr Dasein genießen. Aber komm, wir wollen Jesus nicht warten lassen.»

Ich überlege, ob Jesus überhaupt warten kann, ob so etwas wie Zeit für ihn existiert.

«Ja und nein», antwortet Engel Sebastian auf meine Gedanken. «Es ist seine Entscheidung, ob er Zeit fühlt oder nicht. In diesem Fall wartet er tatsächlich auf dich. Er möchte dir so menschlich begegnen wie nur möglich. Außerdem hat er manchmal Freude an diesem Spiel.»

Engel Sebastian lacht. Ich bin nun sehr neugierig geworden und beschleunige meine Schritte.

«Möchtest du laufen oder ein Fortbewegungsmittel benutzen?», fragt Engel Sebastian.

Er weiß sofort, dass ich gerne ein Fortbewegungsmittel nutzen würde.

«Dann müssen wir in diese Richtung gehen», sagt er.

Wir gehen durch einen Park, in dem viele Menschen den Tag genießen. Sie sitzen zusammen, unterhalten sich und lachen gemeinsam. Kinder sind auch dort, sie laufen und springen herum. Manche lassen kleine Boote auf einem See fahren. In der Ferne sehe ich eine Art Fahrzeug. Es ähnelt mehr einem Ufo als einem Auto.

Als wir näherkommen, sehe ich, dass es sich um eine silbrig schimmernde Kugel handelt. Ich wundere mich über das Aussehen und frage mich, wie man in diesem Ding reisen soll.

«Es ist wundervoll, mit diesem Gerät zu reisen», versichert mir Engel Sebastian. «Komm, du wirst sehen, es macht sehr viel Spaß.»

Ich gehe um die Kugel herum, kann aber keine Tür entdecken. Doch plötzlich öffnet sich die Kugel und wir steigen ein. Von innen wirkt sie viel größer als von außen. Es gibt bequeme Sitze, die sich an den Körper anpassen.

«Wer steuert dieses Gerät?», frage ich Engel Sebastian.

«Niemand», antwortet er lachend. «Das Gerät fliegt von allein. Es ist von göttlicher Energie und hat ein eigenes Bewusstsein. Auch eure Autos haben ein Bewusstsein, aber da sie in der dichten Materie existieren, sind sie auf euch angewiesen. Aber nicht mehr lange, dann wird auch auf der Erde alles anders sein. Du weißt doch, die Erde verändert ihre Energie und damit auch das Bewusstsein von allem.»

Ich spüre ein leichtes Vibrieren, als das Gerät sich erhebt. Langsam schwebt es durch die Luft.

«Wie schnell kann dieses Gerät fliegen?»

«Es fliegt mit Lichtgeschwindigkeit, doch im Moment passt es sich an deine Energie an. Wir wollen dich ja nicht überfordern.»

Engel Sebastian schenkt mir wieder ein strahlendes Lächeln. Habe ich schon erwähnt, dass er sehr gut riecht? Nach Weihrauch und Orange. Er nickt, als er meine Gedanken wahrnimmt. Ich frage mich, ob das ein Parfum ist.

«Ich dachte, dieser Duft würde dir gefallen. Es gibt tatsächlich so etwas wie Parfum hier im Himmel. Wir erfreuen uns sehr an Düften und an der Vielfalt der Natur.»

Ich würde diese Parfums gerne kennenlernen.

Engel Sebastian sagt: «Wenn dafür Zeit ist, werden wir in eine Parfümerie gehen.»

Er zwinkert mir zu. Ich weiß nicht, ob er mich gerade auf den Arm nimmt, oder ob er das ernst meint.

«Natürlich meine ich das ernst», sagt er. «Wir sind da!», ruft er plötzlich und klingt aufgeregt.

Von der Landung habe ich nichts mitbekommen. Als sich die Tür öffnet, strömt mir ein gleißendes Licht entgegen. Es ist sehr hell, aber es blendet mich nicht. Nach einem kurzen Moment nehme ich Umrisse wahr. Ich entdecke ein Schloss in der Ferne. Es thront auf einer sanften Anhöhe. Es scheint aus Licht und funkelnden Diamanten zu bestehen.

Engel Sebastian trägt plötzlich ein anderes Gewand. Es sieht aus wie aus gesponnenem Gold. Seine

Flügel kommen mir jetzt noch größer vor. Sie strahlen von innen heraus. Nebeneinander schreiten wir auf das Schloss zu. Der Weg ist von unzähligen Blumen gesäumt, die tanzen und sich zu einer unendlich schönen Musik wiegen, die von überall herzukommen scheint. Ich bin nervös und irgendwie fühle ich mich fehl am Platz. Darf ich wirklich hier sein? Bin ich würdig genug?

Engel Sebastian beruhigt mich: «Er will dich sehen, also bist du würdig. Mach dir keine Gedanken und vertraue.»

Also gut, ich straffe meine Schultern und gehe gemeinsam mit Engel Sebastian auf das Schloss zu. Rundherum um das Schloss sind zahlreiche Wiesen, auf denen Einhörner spielen. Ich sehe auch noch andere Tiere, die es auf der Erde nicht gibt.

«Diese Tiere hat es einmal auf der Erde gegeben, doch sie mussten sich aufgrund der dichten Energie zurückziehen.»

Plötzlich sehe ich meine Stute Jody, die vor einem Jahr verstorben ist. Auch sie trägt jetzt ein Horn auf

ihrer Stirn. Als sie mich sieht, galoppiert sie stürmisch auf mich zu.

«Jody!», rufe ich erfreut.

Ihre lange weiße Mähne weht sanft im Wind. Jody bleibt vor mir stehen und lächelt mich an. Ich kann nicht definieren, ob es ein echtes Lächeln auf ihrem Gesicht ist oder ein inneres, doch ich nehme ihre große Freude, mich zu sehen, wahr. Sie spricht telepathisch zu mir und sagt: «Herzlich willkommen. Ich freue mich sehr, dich zu sehen. Ich denke oft an euch und das Leben auf der Erde. Danke für eure Fürsorge. Es gefällt mir hier sehr gut. Komm doch öfter vorbei, ich würde mich freuen. Wenn du willst, kannst du auf mir reiten.»

Ich frage mich, ob Jody schon immer ein Einhorn ist und bekomme sofort ihre Antwort: «Ja, das bin ich. Ich bin zu euch gekommen, um euch auf eurem spirituellen Weg zu unterstützen. Es war für mich nicht leicht, auf der Erdebene zu leben, doch ihr habt es mir erleichtert. Dafür danke ich euch. Der viele Regen hat mir nicht so gut gefallen. Zum Glück gibt es den hier nicht.»

Sie scheint mir zuzuzwinkern. Ich freue mich sehr, dass es ihr so gut geht. Es war mir schwer gefallen, sie gehen zu lassen, denn ich hatte ihre hohe Energie immer sehr stark gefühlt.

«Meine Energie ist noch immer für euch da», sagt sie und ihre Worte trösten mich. Mit der Spitze ihres Horns berührt sie meine Stirn. Es kribbelt angenehm.

Engel Sebastian sagt: «Ihr habt eine starke Verbindung. Du brauchst sie nur zu rufen und sie ist für dich da.»

Ich freue mich darüber und bedanke mich bei ihr. Von Glück erfüllt über dieses Wiedersehen gehe ich weiter den Weg zum Schloss entlang. Plötzlich sehe ich einen Engel aus dem Schloss kommen. Er ist sehr groß und trägt ein blaues Gewand. Ich fühle sofort, dass es Erzengel Michael ist. Er lächelt, als er Engel Sebastian und mich auf ihn zukommen sieht.

JESU WORTE DER WAHRHEIT

Als wir Erzengel Michael entgegengehen, kommt es mir nicht vor, als sähe ich ihn zum ersten Mal. Schon oft war er bei mir und hat mich besucht. Er ist der Erzengel, der am häufigsten mit mir zusammenarbeitet und mir Botschaften für die Menschen übermittelt.

Er breitet seine Arme aus und umarmt erst mich, dann Engel Sebastian. «Herzlich willkommen, wir freuen uns sehr, dass du da bist. Komm herein. Jesus wartet bereits auf dich.»

Er öffnet die große Tür zum Schloss, die strahlt und funkelt wie Diamanten. Die Tür und das ganze Gebäude scheinen zu leben. Im Himmel ist nichts unbeseelt, alles schwingt und atmet, alles strahlt Liebe und Freude aus.

Erzengel Michael führt uns in eine große Eingangshalle. «Er wartet im Garten auf euch. Kommt hier entlang.»

Erzengel Michael führt uns durch die wunderschöne Halle und dann öffnet sich eine Tür zum

Garten. Ein frischer und zugleich süßer Duft strömt mir entgegen. Der Garten ist ein Meer aus Blumen, die sich im Takt einer harmonischen Musik wiegen. Es kommt mir so vor, als würde jede einzelne Blume lächeln. Dann sehe ich ihn. Jesus steht mitten in diesem Blumenmeer. Fröhlich winkt er uns heran. Er strahlt vollkommenes Glück und inneren Frieden aus. Als ich vor ihm stehe, fühle ich mich, als würde ich einem geliebten Bruder begegnen.

«Ich sagte doch, dass ihr alle meine Brüder und Schwestern seid. Und darum freue ich mich, dich willkommen heißen zu dürfen. Sieh dich um. Gefällt es dir?»

«Ja!», antworte ich begeistert. «Es gefällt mir sehr.» Ich wundere mich über meine Gefühle, denn ich hatte erwartet, dass ich Angst hätte, Jesus zu begegnen. Oder zumindest großen Respekt. Doch es fühlt sich absolut natürlich an.

«Es macht mich nachdenklich, dass viele Menschen so großen Respekt vor mir haben, der mit Angst verbunden ist. Ich möchte ihr Freund sein und ihr Bruder. Ich möchte eine liebevolle Beziehung zu ihnen.»

Er senkt traurig den Kopf, um kurz darauf wieder aufzuschauen und zu lächeln. «Aber lass uns über etwas Schöneres reden. Ich möchte dir alles zeigen und deine Fragen beantworten. Ich hoffe, du hast viele Fragen mitgebracht.»

Sein ganzes Wesen strahlt Licht und Freude aus. Ich überlege, welche Fragen ich stellen könnte. Einiges habe ich in den vielen Jahren schon erfahren. Dennoch stelle ich die Fragen, die möglichst viele Menschen interessieren könnten.

«Kommen alle Menschen in den Himmel?»

Jesus schüttelt den Kopf und sagt mit Betrübnis in der Stimme: «Es wäre schön, wenn es so wäre. Aber leider ist es nicht so. Es kommen nur einige Menschen in den Himmel. Es sind diejenigen, die reinen Herzens sind. Diejenigen, die nicht nur an sich, sondern auch an andere gedacht haben. Es sind die, die bereuen und die sich ehrlich um ein gutes Leben bemüht haben. Leider sind das nicht so viele, wie ich mir wünschen würde. Doch ich habe Hoffnung, dass es immer mehr werden. denn die Weisheit, die zur Erde strömt, wird viele Menschen im Herzen erreichen. Im Augenblick ändern viele Menschen ihr Leben und das ist gut.»

«Was passiert mit den Menschen, die nicht in den Himmel kommen?», möchte ich wissen.

Jesus antwortet: «Sie kommen in für sie passende Ebenen, wo sie aufgeklärt werden und sich entweder dort weiterentwickeln oder sich für ein erneutes Leben auf der Erde entscheiden können. Die meisten Seelen leben viele Leben auf der Erde, um sich von ihren Schwächen zu befreien und rein zu werden.»

Ich frage mich, was rein bedeutet und Jesus antwortet auf meine Gedanken: «Rein bedeutet in diesem Sinne, dass sie voller Liebe und Vergebung leben und sich nicht an die Erdebene hängen und dort stecken bleiben.»

«Wodurch bleibt man denn stecken?», will ich nun wissen.

«Durch zu große Leidenschaften, durch materielle Anhaftungen oder durch großes Drama. Ich sagte schon damals, dass eher ein Kamel durchs Nadelöhr geht, als dass ein Reicher in den Himmel kommt. Damit meinte ich nicht, dass man keinen Wohlstand

besitzen darf. Doch einige Menschen, die wohlhabend sind, hängen zu sehr an ihrem Besitz. Er bedeutet alles für sie und sie vergessen darüber den geistigen Wert, der viel größer ist, da er unvergänglich ist. Manche Menschen hängen an ihrem Haus mehr als an Gott und der Unendlichkeit. Nach dem Tod irren sie in ihrem Haus herum, weil sie es nicht loslassen können. Du glaubst gar nicht, wie oft das vorkommt. Es ist dringend nötig, dass die Menschen das Geistige in ihrem Leben mehr schätzen als das Materielle, denn ich sagte damals, dass der Mensch nicht nur vom Brot allein lebe. Wenn ein Mensch sich nicht mit seiner göttlichen Natur beschäftigt, hat er nicht nur im Leben große Probleme, sondern auch danach. Das heißt nicht, dass ich Armut und Verzicht fordere, doch ich wünsche mir, dass die Menschen über all dem, was ihnen das Leben bietet, das Wesentliche, die Liebe und die göttliche Unendlichkeit nicht vergessen. Viele glauben, das Leben sei alles, was es gibt, und so leben sie auch. Sie irren nach dem Tod herum oder müssen in dafür vorgesehenen Ebenen aufgeklärt werden. Du glaubst gar nicht, wie viel

Mühe meine Helferinnen und Helfer haben, diesen Menschen zu erklären, dass sie nicht tot sind und dass das Leben weitergeht. Deshalb ist es so wichtig, zu beten und sich mit Gott zu verbinden. Ein einfaches Gebet am Morgen und am Abend wäre schon eine große Hilfe. Es könnte so einfach sein, doch die Menschen sind von der Wissenschaft, die alles Geistige ausschließt, verführt worden, nur noch an das zu glauben, was sie sehen und berühren können. Zum Glück wachen auch immer mehr Wissenschaftler auf und erkennen den Geist hinter der Materie. Alles ist Geist und ohne diese Erkenntnis werden die Wissenschaftler auf der Erde immer wieder an ihre Grenzen stoßen.»

Plötzlich fliegt eine wunderschöne Taube zu uns und setzt sich auf Jesu Schulter. Jesus lacht und streichelt sie vorsichtig. «Ich liebe alle Tiere und ich möchte, dass die Menschen gut mit ihnen umgehen. Doch es ist bereits so, dass sich das Denken der Menschen ändert und sie die Tiere anders sehen als früher. In naher Zukunft wird kein Tier mehr gegessen. Das ist mein Wunsch. Denn Gott gibt euch reichlich zu essen. Seine Schöpfung ist vollkommen, doch ihr seid sozusagen blind dafür. Das liegt zum großen Teil daran, dass ihr aus der Feinstofflichkeit in die Grobstofflichkeit gefallen seid. Vor nicht allzu langer Zeit war die Erde noch nicht von solch dichter Energie. Die Menschen hatten nicht die Probleme, die sie heute haben. Sie konnten sich telepathisch verständigen und waren über ihre Herzen miteinander verbunden. Ich darf jedoch verkünden, dass diese Zeit wiederkommt. Und noch besser: Das Reich Gottes, das kommen wird, wird so schön sein, dass ihr es kaum glauben könnt. Die Erde wird ein Planet des Friedens sein. Sie wird ein Planet sein, wo sich unterschiedliche Völker aus dem Kosmos vereinen. Ja, es gibt Leben auf anderen Planeten. Es gibt dort engelhafte Wesen, die euch helfen werden. Ich sagte damals schon: Es gibt viele Wohnungen im Haus meines Vaters. Und ich darf euch jetzt sagen: Ihr werdet euch mit euren Brüdern und Schwestern aus dem All verbinden und glücklich leben. Die Energie wird angehoben und ihr werdet eine neue Erde erleben. Die Brüder und Schwestern aus dem Kosmos waren auch schon damals mit mir verbunden, denn sie lieben mich sehr. Komm mit, ich möchte dir zeigen, wie die neue Erde aussehen wird.»

Gemeinsam verlassen wir den Garten.

DIE NEUE ERDE

Erzengel Michael scheint sehr glücklich zu sein, dass Jesus mir die neue Erde zeigen möchte. Er lächelt mir aufmunternd zu. Auch Engel Sebastian sieht zufrieden aus. Ich bin gespannt, was Jesus mir zeigen wird. Er führt uns zurück ins Schloss und dort betreten wir einen runden Raum, in dessen Mitte eine Kugel steht. Sie leuchtet von innen heraus.

«In dieser Kugel wirst du jetzt die neue Erde sehen», sagt Jesus und lässt seine Hand über sie gleiten. Sofort erscheint ein Bild der Erde. Ich sehe sie so, wie man sie aus einem Raumschiff aus dem All sehen würde. Sie strahlt ein grünes Licht aus. Ich dachte immer, die Erde wäre vom Weltall aus gesehen blau.

«Ja, die alte Erde, aber nicht die neue», greift Jesus meinen Gedanken auf. Die neue Erde wird ein grünes Paradies sein. Lass uns genauer hinschauen.»

Jetzt sehe ich die Erde aus einer näheren Entfernung. Mir fällt auf, dass ein ziemlich großer Lichtstrahl auf sie scheint.

«Das ist das göttliche Licht», erklärt Jesus. «Es wirkt bereits jetzt auf die Erde ein, um sie zu verwandeln.»

Ich sehe die Erde nun so, wie man sie aus einem Flugzeug sehen würde, das sich im Landeanflug befindet. Alles ist grün und überall ist klares, türkisfarbenes Wasser. Es gibt Städte, doch sie sind anders als die von heute. Sie sehen genauso aus, wie man sich Städte in der Zukunft vorstellt. Es gibt fliegende Objekte, die im entfernten Sinne Autos gleichen, aber doch ganz anders aussehen. Wie eine Mischung aus Auto und Ufo.

«Diese Flugobjekte werden mit einer neuen Technologie angetrieben, die sehr bald auf der Erde freigegeben wird. Sie können keine Unfälle bauen und sind überaus praktisch. Mit ihnen können sich die Menschen sehr schnell fortbewegen, ohne den Planeten zu verschmutzen.»

In den neuen Städten ist alles bepflanzt. Überall fließt Wasser. Es fließt durch die Städte und es gibt viele Springbrunnen.

«Wasser ist wichtig, um die Energie der Erde positiv

zu halten. Dieses neue Wasser wird klar und rein sein. Meine Helferinnen und Helfer werden die Ozeane reinigen und deren Energie erhöhen. Das wird in sehr kurzer Zeit gehen. Die Wahrheit ist, dass ihr Menschen es allein nicht mehr schaffen würdet. Deshalb hat Gott beschlossen, euch Hilfe zu schicken.»

Ich frage mich, ob alle Menschen diese Hilfe von außerirdischen Wesen annehmen werden. Jesus antwortet auf meine Gedanken: «Sie werden keine andere Wahl haben. Wer sich gegen meine Helferinnen und Helfer stellen möchte, wird sie dennoch nicht aufhalten können. Darum sei den Menschen geraten, die Sternenschiffe mit den Engeln willkommen zu heißen. Denn sie kommen, um zu dienen und zu heilen. Sie sind nicht zum ersten Mal auf der Erde. Auch damals, als ich unter euch lebte, waren sie mit mir dort. Ihr könnt dies in allen wichtigen Büchern eurer Erde nachlesen.»

«Aber es gibt doch auch negative Aliens», werfe ich ein.

«Ja, die gibt es», sagt Jesus. «Doch sie werden keinen Einfluss mehr auf eure Erde haben. Sie werden verbannt und müssen in anderen Galaxien weitere Erfahrungen sammeln. Eure Erde wird ein geschützter Planet sein. Dafür werden die galaktische Föderation der Engel in ihren Sternenschiffen und ich sorgen. Ich freue mich sehr auf die neue Erde, denn dort werde ich unter euch sein können. Die Erde wird eine wunderschöne Energie haben und ihr Menschen werdet nicht mehr so schnell ermüden. Es wird auch keine schwere körperliche Arbeit geben, da alles erneuert wird. Ihr werdet Technologien besitzen, von denen ihr heute nicht einmal zu träumen wagt. Es wird der Himmel auf Erden sein. Kein Mensch oder Tier wird mehr leiden. Hunger wird es nicht mehr geben und keine Kriminalität.»

Ich frage mich, ob die Menschen sich alle plötzlich verwandeln. Jesus antwortet: «Nein, nicht alle Menschen werden die neue Erde erleben. Die Menschen, die noch nicht bereit sind für eine so hohe Energie, werden auf anderen Planeten weiter inkarnieren. Auf die neue Erde kommen nur die, die reinen Herzens sind.»

Ich möchte wissen, wie der Übergang von der alten Erde zur neuen Erde sein wird. «Wird es plötzlich geschehen oder ganz langsam? Werden Menschen sterben müssen?»

Jesus lächelt: «Ich verstehe deine Neugier sehr gut, doch alles kann ich dir nicht verraten. Es wird eine Phase sein, in der die Menschheit die Chance hat, sich geistig und seelisch zu erneuern. Diese Phase läuft schon seit einigen Jahren. Die Menschen haben jetzt die Möglichkeit, sich zu besinnen und zu ihrem göttlichen Herzen zurückzufinden. Jeder Mensch wird diesen Ruf in sich spüren und ihm im besten Fall antworten. Wer ihn hört, aber nicht reagiert, der wird auf anderen Planeten sein bisheriges Leben weiterleben können.»

Ich bin jetzt noch neugieriger geworden. «Werden diese Menschen auf andere Planeten gebracht?»

Jesus lächelt und sagt: «Der genaue Ablauf ist streng geheim. Das Wichtigste ist, dass ihr vertraut. Jeder von euch erhält die Chance, sich an die neuen Energien anzupassen. Es ist ein großer Segen, der nun über die Menschheit kommt. Lasst euch nicht verunsichern durch die Dinge, die jetzt ans Tageslicht kommen. Sie zeigen sich durch das göttliche

Licht. Doch diese Menschen, die der Dunkelmacht dienen, werden nicht mehr viel Zeit haben. Der Zeitenwandel steht kurz bevor.»

«Wann wird es soweit sein?», möchte ich wissen.

Jesus lächelt wieder und sagt: «Der Zeitpunkt ist auch geheim. Doch ihr befindet euch bereits in der Phase der Erneuerung. Das Wichtigste ist, dass ihr Vertrauen habt in den göttlichen Plan.» Jesus fährt mit der Hand wieder über die Kugel. Ich kann die neue Erde aus der Nähe betrachten. Ich sehe Tiere, die ich noch nie gesehen habe. Wie eine Mischung aus Pferd und Gazelle mit einem Horn auf der Stirn. «Das sind Einhörner», sagt Jesus. «Sie werden auf der neuen Erde leben. Sie haben sich wegen der dichten Energie vor langer Zeit zurückgezogen. Diese Rasse wird von den Sternenengeln zur Erde gebracht. Die Tiere sind friedlich und liebevoll. Ihr werdet euch auf der neuen Erde mit euren Tiergeschwistern telepathisch verständigen. Teilweise könnt ihr das schon jetzt, aber auf der neuen Erde wird es sehr klar und einfach sein. Es wird euch viel Freude machen, mit euren Tieren zu kommunizieren.» Jetzt zeigt Jesus mir eine Art hochmodernen Flughafen. Dort fliegen Ufos ein und aus. «Die Sternenengel und viele Mitglieder der galaktischen Föderation werden auf der Erde ein- und ausfliegen. Ihr werdet mit ihnen einen liebevollen Kontakt haben. Sie werden euch an allen technischen und spirituellen Errungenschaften teilhaben lassen. Das könnt ihr euch jetzt in euren kühnsten Träumen nicht vorstellen. Ihr werdet Reisen ins All unternehmen und Mitglied der galaktischen Föderation werden. Ihr werdet ein Planet des Friedens sein, denn nur Planeten ohne kriegerische Ambitionen werden in die galaktische Friedensföderation aufgenommen.»

«Wird es noch Familien geben?», frage ich Jesus.

«Ja, es wird sie weiterhin geben, aber sie werden nicht so isoliert leben wie jetzt, sondern zu einer größeren Gemeinschaft gehören. Dies wird den Heranwachsenden sehr guttun. Eure Kinder werden glücklich sein und sich wunderbar entwickeln. Es wird neue Schulen geben, in denen die Kinder liebevoll unterrichtet werden. Dort wird jedes Kind nach seinen eigenen Talenten gefördert, was eurem Planeten sehr zugutekommen wird. Eure jetzigen Schulen können diesen Dienst noch nicht leisten. Doch seid nicht traurig darüber. Die Kinder, die jetzt inkarniert sind, wussten, dass es noch nicht optimal sein wird. Sie haben sich entschieden, auf der Erde zu sein. Ich möchte gerne über die neuen Kinder der Erde sprechen, denn sie sind bereits bei euch. Lasst uns dazu in den Garten zurückgehen.»

EIN HIMMLISCHER GARTEN

Der Garten ist wie ein Paradies. Überall stehen Blumen in ihrer schönsten Pracht. Schmetterlinge schweben durch die Luft und kleine bunte Vögel fliegen von Baum zu Baum. Jesus führt mich zu einem Springbrunnen und wir setzen uns nebeneinander auf die daneben stehende Bank, die den Blick über eine weite Ebene freigibt.

«Dort hinten ist das Kinderparadies. Darin sind die Kinder, die im Kindesalter auf der Erde verstorben sind. Ich werde es dir gleich zeigen, doch zuvor möchte ich über die neuen Kinder sprechen, die schon seit Jahren auf der Erde inkarnieren.»

Er sieht mich mit seinen strahlenden Augen liebevoll an und sagt: «Diese Kinder stammen aus vielen Teilen des Kosmos. Sie kommen mit großer Weisheit zur Erde. Einige von ihnen sind hoch medial, wiederum andere sind begabt in den Wissenschaften. Sie werden die Erde sehr bereichern. Doch viele von ihnen haben es nicht leicht auf der Erde, denn die

Energien sind noch nicht so hoch, wie sie sie normalerweise kennen. Das führt dazu, dass diese Kinder sich oft verloren vorkommen und das Gefühl haben, nicht dazuzugehören. Sie sind außerdem sehr sensibel und ihre Körper sind nicht so belastbar wie die der anderen. Das Schulsystem macht ihnen zu schaffen, da sie nicht auf einer Leistungsebene funktionieren. Obwohl sie hochintelligent sind, sind sie in der Schule nicht immer die Besten. Dann gibt es wiederum die, die in der Schule sehr gut sind und dafür bekannt sind, sich zurückzuziehen. Das haben alle diese Kinder gemeinsam, sie sind ängstlich und scheu. In ihrem Inneren fühlen sie, dass sie eine besondere Aufgabe auf der Erde haben und wenn alles gut läuft, ziehen sie sich irgendwann zurück, um ihrer Aufgabe nachzukommen. Diese Kinder inkarnieren oft in schwierige Familienverhältnisse, wo sie kaum auffallen. Die Familien, in die sie inkarnieren, haben teilweise große Probleme und die Kinder spielen nur eine Nebenrolle. So unsichtbar können sie sich jedoch gut entfalten und sich in ihre eigene Welt flüchten. Diese besonderen Kinder suchen sich ihre

Familien genau nach diesen Kriterien aus. Es sind oft dramatische Verhältnisse, Familien, die mit ihren eigenen Problemen beschäftigt sind. Häufig wachsen diese Kinder wie nebenbei auf, ohne dass man sich groß um sie kümmert. Dadurch finden sie Raum für sich, um zu erkennen, dass sie anders sind. Meine Engel führen diese Kinder dann zu den passenden Menschen, die ihnen ihre Aufgabe bewusst machen. Bei diesen besonderen Kindern findet das bereits in der frühen Jugend statt. Sie fangen als junge Erwachsene mit ihrer spirituellen oder wissenschaftlichen Arbeit an. Zu dieser Zeit sind Millionen dieser Kinder auf der Erde und einige von ihnen sind nun erwachsen und bereichern die Erde mit ihren Weisheiten und ihrem wissenschaftlichen Genie.» Jesus sieht mich an und lächelt.

«Wie kann man diese Kinder unterstützen?»

Er wiegt den Kopf hin und her und antwortet: «Das ist im Grunde nicht nötig, denn sie werden ihren Weg gehen. Sie werden von meinen Engeln und mir auf den richtigen Weg geführt. Wenn ihr etwas für sie tun wollt, so könnt ihr die Engel bitten, ihnen beizustehen. Die Welt ist nicht ihre Welt und teilweise fühlen sie sich auf der Erde sehr fremd. Durch die Gebete finden sie die Kraft, ihrer Aufgabe treu zu bleiben. Die Eltern dieser Kinder können sie unterstützen, indem sie sie einfach ihren Weg gehen lassen, ohne sie zu beeinflussen. In der Regel haben sie sich aber genau diese Familien ausgesucht. Entweder sie sind in einer Familie, die mit ihren eigenen Dramen beschäftigt ist oder sie haben eine Familie gewählt, die sie sein und tun lässt, was sie wollen. Im besten Fall haben sie sich eine unterstützende Familie gewählt, was aber eher selten und nur in ganz besonderen Fällen vorkommt. Diese Kinder brauchen Reibungspunkte und Herausforderungen, um ihre Aufgabe anzunehmen.»

Wir schweigen eine Weile und betrachten die Blumen, die sich zu einer leisen Melodie bewegen und tanzen. Ein Schmetterling kommt zu mir geflogen und setzt sich auf meine Hand. Er ist gelb wie mein Lieblingsschmetterling, der Zitronenfalter. Ich habe das Gefühl, dass der Schmetterling zu mir redet. Es besteht eine telepathische Verbindung. Er sagt: «Ich liebe dich. Ich drehe jetzt ein paar Runden für dich.»

Er schwebt von meinem Finger und fliegt, als würde er tanzen, um Jesus und mich herum. Jesus lacht und auch Erzengel Michael und Engel Sebastian lachen. «Ist es hier immer so heiter?», frage ich. «Oder seid ihr auch mal traurig und nachdenklich?»

Jesus sieht mich mit funkelnden Augen an. «Das überlasse ich den Menschen. Ich ziehe es vor, die Schöpfung zu genießen und mich an ihr zu erfreuen. Die Menschen könnten das auch tun, ihre Energie würde sich augenblicklich erhöhen. Es wäre nicht viel nötig, um die Erde in ein Paradies zu verwandeln. Liebe und Freude, Mitgefühl und Vergebung sind alles, was der Mensch braucht, um das Paradies zu erleben. Ich weiß, dass es auf der Erde nicht leicht ist, immer fröhlich zu sein, doch ihr solltet euch das zum Ziel setzen. Als ich auf der Erde lebte, bemühte ich mich, voller Freude zu sein, und lehrte das auch meinen Jüngern und Jüngerinnen. Freude, Dankbarkeit und Liebe herrschte unter ihnen und sie lebten bereits in der Energie des Paradieses. Das können die Menschen auch erleben, wenn sie sich dafür entscheiden. Jeder Tag bietet Anlass zur Freude.»

Ich frage mich, wie jeder Freude empfinden soll, wenn so viel Leid auf der Erde geschieht. Jesus empfängt meine Gedanken und sagt: «Das Leid auf der Erde entsteht durch Hartherzigkeit und bösen Willen. Viele Seelen sind in Dunkelheit verstrickt und haben sich dazu entschieden, diesen Weg zu gehen. Ich rufe jetzt alle zu mir zurück, doch die Entscheidung, ob jemand zur Liebe findet, bleibt jedem selbst überlassen. Es ist ein Angebot, doch jeder muss diesen Weg selbst gehen. Lange Zeit bleibt dafür jedoch nicht mehr.»

«Was passiert, wenn die Zeit abgelaufen ist?», hake ich nach.

Jesus schmunzelt wieder und sagt: «Ich werde meine Engel aussenden, die einzusammeln, die guten Willen haben und reinen Herzens sind. Es ist nicht mehr lange, bis die große Reinigung geschieht. Jeder Mensch ist jetzt dazu aufgerufen, Frieden in seinem Leben zu schaffen, um nicht plötzlich überrascht zu werden.»

Ich weiß, dass Jesus mir keine Zeit nennen wird, deshalb frage ich gar nicht danach. Dennoch möchte ich gerne wissen, ob es in diesem Jahrhundert geschieht.

«Es geschieht schneller, als die Menschen glauben. Die Wahrheit ist, die Menschheit befindet sich am Anfang der Reinigung. In Kürze werden sich die Probleme zuspitzen und meine Engel werden eingreifen.»

Ich schaue zu Erzengel Michael und hoffe, dass er noch etwas mehr dazu sagt. Er blickt fragend zu Jesus, der fast unmerklich nickt.

Erzengel Michael sagt: «Die Engel und die galaktische Föderation befinden sich derzeit in eurem Sonnensystem und haben euch genau unter Beobachtung. Sie bereiten den großen Übergang vor. Es werden Zeichen am Himmel zu sehen sein, die eindeutig sein werden. Die Menschen tun gut daran, jetzt Klarheit in ihrem Leben zu schaffen. bevor die Zeit des Übergangs beginnt. Die neue Erde wird kommen und mit ihr das Reich des Friedens. Die Erde wird befreit von der Dunkelheit und dem manipulativen Einfluss

einiger Wesen, die sich von eurer Angst und eurem Drama ernähren. Freut euch, denn dieser Übergang auf die neue Erde wird das Schönste sein, was ihr je erlebt habt. Es wurde alles bereits vorausgesagt. Lasst euch von nichts erschrecken. Am Ende geht alles gut aus, denn Gott hat es so beschlossen.»

Erzengel Michael lächelt mich an.

«Doch nun lasst uns das Kinderparadies besuchen», sagt Jesus und deutet mir mit einer Geste an, ihm zu folgen.

DAS KINDERPARADIES

Die Landschaft, durch die wir gehen, ist vielfältig und bunt. Es gibt Farben im Himmel, die wir auf der Erde nicht kennen. Alles leuchtet sehr intensiv und die Blumen verströmen einen süßlich-frischen Duft. In der Ferne entdecke ich kleine Gebäude, die mich an Häuschen für Zwerge erinnern.

«Das sind die Häuser, in denen die Kinder leben», sagt Erzengel Michael. «Sie lieben diese kleinen Häuser und spielen gerne in ihnen. Aber am liebsten sind sie draußen bei den Tieren.»

Aus der Ferne wird Kinderlachen zu uns herüber getragen. Als wir näherkommen, laufen uns einige Kinder entgegen. Sie begrüßen uns freundlich. Sie scharen sich alle um Jesus und jedes der Kinder hat etwas zu erzählen.

Jesus lacht mit ihnen und fragt: «Wer von euch möchte unserem Gast euer Land zeigen?»

Eines der Kinder, ein kleines Mädchen, stellt sich fröhlich zur Verfügung. «Ich heiße Madleine», stellt sich das Mädchen vor. «Ich bin schon länger hier im Kinderparadies. Aber wie lange genau kann ich dir nicht sagen, denn die Zeit läuft hier anders.»

Wir gehen an den kleinen Häusern vorbei, in denen die Kinder wohnen. Einige der Engel, die sich um die Kinder kümmern, laufen uns entgegen.

«Herzlich willkommen», sagt einer der Engel, die alle in pastellfarbenen Gewändern gekleidet sind. Diese himmlischen Helfer haben übrigens keine Flügel. Es sind Helfer von Jesus, dazu auserwählt, sich um die Kinder zu kümmern.

Vor den Häusern gibt es kleine Gärten, die mit bunten Blumen bepflanzt sind. Überall stehen Schaukeln, Wippen und viele andere Gerätschaften, die Kindern Spaß machen.

«Es gibt auch einen Vergnügungspark mit ganz vielen Karussells», sagt Madeleine stolz. «Wir können gleich vorbeischauen.»

«Und einen Streichelzoo!», ruft ein kleiner Junge, dessen Gesicht vor Glück nur so strahlt.

«Der Streichelzoo ist da hinten», sagt Madeleine. «Möchtest du ihn sehen?»

«Ja, sehr gerne», antworte ich.

Jesus lacht und sagt: «Das ist ganz sicher etwas für dich.»

Ja, das stimmt. Tiere liegen mir sehr am Herzen. Gemeinsam gehen wir einen Weg entlang, der mit den zauberhaftesten Blumen bepflanzt ist, die ich je gesehen habe. Als ich genauer hinschaue, sehe ich eine kleine Elfe in dem Meer aus Blumen sitzen. Verwundert bleibe ich stehen. Die Elfe, die ein zitronengelbes, glitzerndes Kleid trägt, winkt mir zu.

«Es gibt hier überall Elfen», sagt Erzengel Michael. «Die Kinder lieben sie. Und die Elfen lieben die Kinder.»

«Gibt es auch Zwerge?», frage ich neugierig.

Jesus nickt. «Ja, die gibt es auch, aber sie sehen etwas anders aus, als ihr sie euch vorstellt. Sie ähneln nur entfernt euren Gartenzwergen. Vielleicht treffen wir gleich einen.»

In dem Moment, wie von Jesus gerufen, erscheint ein Zwerg. Er ist größer als die Elfe und trägt einen langen Mantel, der ihn wie Merlin aussehen lässt. Er sieht jung aus, trägt keinen Bart, jedoch eine Kopfbedeckung, die im entfernten an eine Mütze erinnert. Er verbeugt sich vor mir und sagt: «Herzlich willkommen, meine Dame. Ich freue mich, deine Bekanntschaft machen zu dürfen. Mein Name ist Aiwin, ich bin für die Kinder hier zuständig. Das Kinderparadies ist sehr groß, du siehst nur einen kleinen Teil davon.»

Aiwin begleitet uns zum Streichelzoo. Der Streichelzoo umfasst ein riesiges Gelände und beherbergt die unterschiedlichsten Tiere. Es gibt dort viele Kleintiere wie Kaninchen, Meerschweinchen und Hamster. Sie alle kommen sofort angelaufen, als sie uns sehen. Ich berühre das Fell eines kleinen weißen Kaninchens. Es fühlt sich wundervoll weich und seidig an. Seine kleinen Knopfaugen sind auf mich gerichtet. «Ich hab dich lieb», übermittelt mir das Kaninchen telepathisch und schmiegt sich an meine Hand.

«Das Kaninchen heißt Belle», sagt Madeleine. «Ist es nicht schön?»

«Ja, sehr schön», stimme ich zu.

«Komm», ruft Madeleine, «wir gehen zu den Ponys!»

Sie nimmt meine Hand und führt mich zu einer großen Weide. Was ich zu sehen bekomme, ist der absolute Kindertraum. Die ganze Weide ist voller kleiner Ponys, eines schöner als das andere. Sofort galoppieren sie auf uns zu und wiehern voller Freude.

«Es gibt hier auch Einhörner!», sagt Madeleine. «Auf denen kann man reiten, aber die Ponys hier sind besser, wenn man Abenteuer erleben will.»

Ich kann mir lebhaft vorstellen, wie die Kinder Abenteuer mit den Ponys erleben. In der Ferne erblicke ich eine Gruppe von Kindern, die auf Ponys reiten. Sie jubeln vor Freude.

Jesus deutet in eine bestimmte Richtung.

«Dort hinten gibt es Kinos, Theater und Geschäfte, in denen die Kinder einkaufen.»

«Gibt es hier im Himmel Geld?», wundere ich mich.

Erzengel Michael schüttelt den Kopf. «Nein, jedoch spielen die Kinder gerne damit, denn viele von ihnen lieben diese Art von Spiel. Es ist vollkommen rein und unschuldig.»

Jesus führt mich zu einem Spielzeugladen. Es gibt ein großes Schaufenster, in dem Eisenbahnen, Puppen, Stofftiere und kleine Autos ausgestellt sind und alles scheint zu leben. Die Eisenbahnen fahren um die anderen Spielsachen im Schaufenster herum, die Puppen zwinkern uns zu, die Autos schalten ihre Lichter ein und aus.

«Komm mit, ich möchte dir etwas Besonderes zeigen», sagt Jesus.

Wir schlagen einen Weg ein, der viele enge Windungen nimmt. Dann öffnet sich die gedrungene Landschaft und gibt den Blick auf ein großes Gebäude frei. Vor dem Gebäude stehen Engel mit Flügeln und halten jeweils ein Baby im Arm.

«Das ist das Babyparadies», sagt Jesus. «Hier kommen die Babys hin, die die Erde sehr früh verlassen mussten. Hier sind auch die Babys, die auf der Erde nicht geboren werden durften. Leider werden es immer mehr, so dass hier sehr viel zu tun ist.»

Ich bemerke eine leichte Traurigkeit in seiner Stimme und seinen Gesichtszügen. Doch schnell wird sein Gesicht wieder von einem Strahlen erfüllt.

«Die Babys dürfen sich hier entwickeln. Es wird sich liebevoll um sie gekümmert. Sie wachsen hier etwas schneller als auf der Erde.»

Wir betreten das Gebäude. Schon am Eingang werde ich liebevoll von einem der Engel begrüßt. Der weibliche Engel trägt ein rosafarbenes Gewand. «Ich bin Engel Angelika, ich habe auf der Erde als Kinderkrankenschwester gearbeitet und bin nun glücklich, hier helfen zu dürfen.»

Angelika strahlt eine warme Herzlichkeit aus. Sie führt uns in einen großen, hellen Raum, in dem viele kleine Betten stehen. Stehen ist jedoch das falsche Wort, denn sie schweben wie Wolken im Raum. Im Raum riecht es angenehm nach Vanille und Mandarine.

«Die Babys lieben diesen Duft», erklärt Engel Angelika. «Ich übrigens auch», fügt sie lächelnd hinzu. Sie deutet auf einige Babys in ihren kleinen Bettchen. Sie liegen dort liebevoll zugedeckt und scheinen alle zu lächeln.

«Es geht ihnen hier äußerst gut. Sobald sie größer sind, dürfen sie mit den anderen spielen und Abenteuer erleben», erzählt Angelika.

«Werden sie wiedergeboren?», frage ich.

Jesus antwortet: «Ja, einige von ihnen. Manche sogar in der gleichen Familie. Es ist alles wundervoll geplant, aber dennoch machen wir uns hier im Himmel große Sorgen. Kinder sind leider nicht immer willkommen. Doch auf der neuen Erde wird es anders sein. Jedes Leben wird schützenswert sein. Das der Menschen und das der Tiere. Wir alle freuen uns sehr auf die neue Erde. Doch zuvor muss der Schatten offenbart werden. In dieser Zeit werden meine Engel und ich den Menschen sehr nahe sein. Viele von ihnen werden uns sehen, fühlen und mit uns reden.»

Angelika lächelt und sagt: «Sage den Menschen auf der Erde, dass für die Babys, die sie verloren haben, bei uns gut gesorgt wird.»

«Das wird sie sehr freuen», versichere ich ihr.

Jesus nimmt eines der Babys auf den Arm und sagt: «Ich liebe jedes Kind und ich habe unzählige Engel beauftragt, für sie zu sorgen.»

Er legt das kleine Kind zurück in sein schwebendes Wolkenbettchen. «Aber nun komm, ich möchte dir das Tor des Himmels zeigen, durch das die Menschen hindurchgehen, die auf der Erde verstorben sind.»

NACH DEM LEBEN

Um das Tor des Himmels zu erreichen, nutzen wir das runde Fortbewegungsmittel, das einem Ufo gleicht. Jesus, Erzengel Michael, Engel Sebastian und ich betreten das angenehme Innere der Kapsel. Der Flug dauert gefühlt nur einige Sekunden. Als sich die Tür der Kapsel öffnet, befinden wir uns auf einem großen, lichtvollen Platz.

«Dort vorne ist das Himmelstor», sagt Erzengel Michael.

Ich kann in der Ferne ein sehr großes Tor sehen, das aus purem Gold zu bestehen scheint. Es schimmert und funkelt aus der Ferne. Als wir näherkommen, sehe ich viele Engel, die sehr beschäftigt wirken.

«Hier ist sehr viel zu tun», erklärt Erzengel Michael. Er winkt einen der Engel zu uns heran. Der Engel lächelt und kommt zu uns. Er hat keine Flügel, trägt jedoch ein silbrig schimmerndes, sehr imposantes Gewand, das einen sehr großen Eindruck auf mich macht. Der Engel lächelt mich an.

«Ich bin Vanessa. Ich kümmere mich um die An-
kommenden. Komm mit, dann zeige ich dir alles.»
Engel Vanessa führt uns zum Tor. Ich sehe viele Menschen durch dieses Tor treten. Sie strahlen vor Glück
und werden von ihren Verwandten begrüßt. Sie
kommen teilweise als sehr alte Menschen durch das
Tor, verwandeln sich jedoch nach ein paar Schritten
zu einer jungen Person, von ungefähr dreißig Jahren.
«Niemand im Himmel behält sein fortgeschritte-
nes Alter», erklärt Engel Vanessa. «Alle Menschen
im Himmel sind vom Aussehen her nicht älter als
fünfunddreißig Jahre. Wenn Kinder kommen, entwickeln sie sich äußerlich höchstens bis zu diesem
Alter. Alter mit seiner einhergehenden Gebrechlich-
keit existiert nur auf eurer Erde.»

Jesus fügt hinzu: «Aber nicht mehr lange, denn ihr
werdet nicht mehr altern, so wie ihr es heute kennt.
Ihr werdet lange jung bleiben und ein sehr hohes
Alter erreichen, wie es früher war. Ihr könnt in der
Bibel nachlesen, dass die Menschen früher älter wur-
den.»

«Woran liegt das?», möchte ich wissen.

«An der Energie eures Planeten. Damals befand sich die Erde in einer anderen Energieschwingung, doch sie findet wieder zurück zu ihr. Sie hat im Moment eine tiefe Schwingung, deshalb sind Kriege und das ganze Leid überhaupt möglich. Wenn sie wieder höher schwingt, wird das Geschichte sein.»

«Warum ist die Energie der Erde gesunken? Was ist passiert?», frage ich.

Jesus senkt für einen Moment den Kopf und sagt: «Durch böse Gedanken, Gefühle und Handlungen. In der Zukunft werden nur noch Menschen, die reinen Herzens sind, die Erde bewohnen. Die Erde wird zum Himmel. Darauf könnt ihr vertrauen und darauf könnt ihr euch freuen.»

«Ich wünschte, es wäre schon so», sage ich.

Jesus lächelt. «Ja, das kann ich verstehen. Vertraue, Gott kennt die richtige Zeit. Doch nun lass uns schauen, wer in den Himmel kommt, denn es sind nicht so viele Menschen, wie auf der Erde geglaubt wird. In den Himmel kommen nur die Menschen reinen Herzens. Die anderen werden in anderen Ebenen aufgeklärt und müssen sich entweder dort weiter entwickeln oder neu inkarnieren.»

Engel Vanessa bittet mich mit einer einladenden Geste, ihr zu folgen. Sie führt mich in eine große Bibliothek, in der es unzählige Bücher gibt. Jesus macht eine ausladende Handbewegung: «Hier sind alle Leben aufgeschrieben. Nichts geht verloren. In diesen Büchern steht, wer in den Himmel kommt und wer nicht.»

Ich möchte am liebsten in eines der Bücher hineinschauen.

Jesus erkennt meinen Wunsch und sagt: «Dies soll dir gestattet sein.»

Engel Vanessa greift eines der Bücher heraus und öffnet es. Die Schriftzeichen darin verwandeln sich vor meinen Augen in Bilder.

Wie in einem Zeitraffer sehe ich die Stationen eines Lebens. Ich sehe, dass dieser Mensch viel Gutes getan hat, sich um andere gekümmert und Streit geschlichtet hat. Kurz vor seinem Tod bat er Gott für alles um Vergebung. Ich sehe sozusagen ein vorbildliches Leben.

«Natürlich war dieser Mensch nicht ohne Fehler und er hat einige falsche Entscheidungen getroffen», sagt Jesus. «Doch im Großen und Ganzen war es ein sehr gutes Leben. Das Wichtigste ist, nicht nur an sich, sondern auch an andere zu denken. Wer Frieden sät, wird Frieden ernten. Streithähne kommen nicht in den Himmel. Sie müssen in anderen Ebenen erst ihre negativen Emotionen überdenken und ablegen. Im Himmel sind nur Menschen, die sich ehrlich um Nächstenliebe und Frieden bemüht haben. Ein Mensch, der den Frieden will und sich für ihn einsetzt, gehört zu mir. Denn ich bin der Friedensfürst.»

Als Jesus redet, strahlt sein Licht noch heller als sonst. Der Frieden, der von ihm ausgeht, ist pure Liebe und Vergebung. Wenn alle Menschen wüssten, wie wundervoll der Himmel ist, würden sie sich mehr um ein liebevolles Miteinander bemühen.

Engel Vanessa bittet uns, ihr zu folgen. Wir gehen in eine große Empfangshalle, in der die Menschen ankommen, die gerade das Leben verlassen haben. Viele Engel kümmern sich um sie und weisen ihnen im Anschluss ihre Häuser zu.

«Jeder bekommt im Himmel sein eigenes Haus», sagt Jesus. «Es ist ein Haus ganz nach dem Geschmack des jeweiligen Menschen. Manche lieben ein einfaches Haus mit Garten, andere lieben ein Haus, das sehr rustikal gebaut ist. Wieder andere lieben Häuser, die wie kleine Schlösser aussehen. Wir wissen, was der Mensch geliebt hat, und bemühen uns darum, das Haus so zu gestalten, dass es ihm gefällt. Die Mönche und Nonnen, die auf der Erde zusammen gelebt haben, leben oft auch hier im Himmel gemeinsam in einem himmlischen Kloster.»

Ich sehe einige Kinder in der Empfangshalle. Mit großen Augen schauen sie sich um. Ein Junge ruft: «Hallo Jesus! Meine Mama hat immer zu dir gebetet!»

Jesus winkt ihm zu. Mir gefällt, wie offen und unbefangen die Kinder mit Jesus umgehen. Und wie mir scheint, gefällt es ihm auch, denn sein Gesicht strahlt vor Glück.

Ein älterer Mann von über neunzig Jahren verjüngt sich vor meinen Augen, bis er ungefähr dreißig Jahre alt ist. Er schaut an sich herunter und kann es selbst kaum glauben. Vor Freude steigen ihm die Tränen in die Augen. Als er Jesus sieht, kommt er zu uns.

«Es ist wahr», sagt er ergriffen. «Du machst alles neu. Wie kann ich dir nur danken?»

Jesus umarmt ihn liebevoll. «Du bist herzlich willkommen, lieber Edward. Ich freue mich, dass du hier bist. Wir haben schon auf dich gewartet. Du hast dir Zeit gelassen. Bist ja ziemlich alt geworden.» Jesus lacht. «Dir hat es wohl sehr gut gefallen auf der Erde», neckt er ihn.

Edward lacht jetzt auch. «Ja, ich war ein zäher Bursche! Ich wollte alles richtig machen und dafür brauchte ich Zeit. Du weißt ja, wie stur ich manchmal bin.»

Jesus sagt: «Dein Leben war sehr vorbildlich, Edward.»

In diesem Moment sehe ich Edwards Leben vor mir. Er war stets bemüht, Frieden zu schaffen. Aufgrund von negativen Erlebnissen in seiner Kindheit hatte er den Kontakt zu Gott zunächst verloren. Doch durch das himmlische Eingreifen in einer lebensgefährlichen Situation gewann er seinen Glauben zurück und ging als Dank in ein Kloster, um Gott näher zu sein und den Menschen zu dienen. Er setzte sich für Notleidende ein und war in allen Streitigkeiten seiner Brüder im Kloster der Schlichter.

«Wie kann ich hier im Himmel helfen», fragt er jetzt.

Jesus lacht. «Ganz der Alte, lieber Edward. Nun erholst du dich erstmal und dann bekommst du eine Aufgabe zugeteilt.»

Edward nickt zufrieden. «So machen wir es, lieber Herr. Ich bin unermesslich glücklich, hier zu sein. Und ich freue mich, dir nun hier im Himmel dienen zu dürfen.»

Jesus segnet Edward mit einer liebevollen Handbewegung. Danach wendet sich Jesus mir zu und sagt: «Es ist an der Zeit, Gott Vater zu besuchen.»

BEGEGNUNG MIT GOTT VATER

Diesmal führt Jesus uns zu einem anderen Licht-schiff. Erzengel Michael erklärt mir, dass dieses Lichtschiff Gott persönlich gehört. Das Lichtschiff ist geformt wie eine Ellipse und funkelt wie tausend Diamanten. «Dieses Lichtschiff besteht nur aus Lichtenergie.»

Ich fühle mich geblendet von der puren Schönheit und bin innerlich ergriffen. Jesus geht in das Ufo hinein, ohne dass sich eine Tür geöffnet hat. Auch Engel Sebastian tritt einfach hinein. Erzengel Michael nimmt mich an die Hand und führt mich ins Lichtschiff. Wir befinden uns plötzlich im Inneren des Schiffes, ohne durch eine Tür gegangen zu sein. Im Inneren erwartet uns ein Engel mit sehr großen Flügeln. Jesus begrüßt ihn liebevoll.

«Das ist Echnaton», stellt er den Engel vor. «Er ist ein enger Vertrauter von Gott Vater. Er hat die Geschichte der Erde maßgeblich verändert und geprägt. Doch leider sind viele Unwahrheiten über ihn im Umlauf. Die Geschichte der Erde ist eine andere, als sie den Menschen überliefert wird.»

Echnaton strahlt pures Licht aus und hat eine sehr sanfte Ausstrahlung. «Ich heiße dich willkommen im göttlichen Lichtschiff», begrüßt er mich. «Wir kennen uns bereits, doch du wirst dich höchstwahrscheinlich nicht mehr daran erinnern.»

Erzengel Michael fügt hinzu: «Du warst zu dieser Zeit Teil seiner Familie. Wie du weißt, kommst du mit einem erhöhten Bewusstsein zur Erde. Deine Aufgabe war es schon immer, Botschafterin von den höchsten Lichtebenen zu sein.»

Ich spüre ein leichtes Vibrieren, als das Lichtschiff abhebt. Nach einem kurzen Flug landen wir und Erzengel Michael führt mich an seiner Hand aus dem Lichtschiff. Das Lichtschiff ist auf einer dafür vorgesehenen Plattform gelandet. Von ihr aus blickt man auf ein riesiges Gebäude, das einem Schloss ähnelt und in der Luft schwebt. Eine breite Treppe mit vielen Stufen führt zum großen Eingangstor des Gebäudes. Unzählige Engel fliegen in der Luft, um das Gebäude zu betreten oder zu verlassen. Der

Himmel leuchtet in unterschiedlichen Farben. Die Luft scheint vor lauter Licht zu vibrieren und ein wunderschöner Klang ist zu hören. Man hört diese Musik nicht mit menschlichen Ohren, sondern mit dem ganzen Sein. Sie ist eins mit dem Körper und der Seele. Die Luft duftet nach Weihrauch, Myrrhe, Jasmin und Rosen. Dieser Duft ist so angenehm, dass man sich von ihm umarmt fühlt. Wir verlassen den Landeplatz und gehen durch einen Lichttunnel ins Innere des Schlosses. An einem Aufzug bleiben wir stehen. Es gibt tatsächlich einen Aufzug in Gottes Schloss?

Erzengel Michael lacht. «Er ist praktisch und eignet sich gut für Besucher, die nicht fliegen können.»

Im Aufzug ertönt eine Stimme: «Herzlich willkommen im Reich Gottes. Ihr werdet bereits erwartet.»

Der Aufzug hält an und wir steigen aus. Ich folge Jesus einen langen Gang entlang. Unterwegs kommen uns Engel entgegen, die mich freundlich mit einem Nicken und einem Lächeln begrüßen. Einige von ihnen tragen Bücher und moderne Geräte mit sich herum, die unseren Handys ähneln. Diese Engel haben unterschiedliche Hautfarben, einige sind weiß, andere haben dunkle Haut.

«Sie stammen von unterschiedlichen Dimensionen und Planeten», erklärt Erzengel Michael. «Sie alle dienen Gott und gehören zur himmlischen Föderation. Ihr nennt sie auch die galaktische Föderation.»

Ich spüre, dass etwas Größeres im Gange ist und dass Gott etwas plant, was die Erde betrifft.

«So ist es», bestätigt Jesus meine Überlegung. «Du wirst gleich mehr darüber erfahren.»

Wir kommen zu einer Tür, die von zwei großen Engeln wie durch Zauberhand geöffnet wird.

«Das sind Melchior und Moses», stellt Jesus die beiden vor. Die Engel lächeln mich an. Beide tragen reich verzierte Gewänder und sie strahlen eine göttliche Autorität aus.

Wir betreten einen großen Saal, der in ein sanftes, angenehmes Licht getaucht ist. In der Mitte des Saales steht Gott Vater. Ich laufe ihm entgegen und umarme ihn. Er trägt einen roten Mantel und darunter ein helles Gewand. Es kommt mir wie das normalste von der Welt vor, ihn zu umarmen. Es fühlt sich an, wie nach Hause kommen. Er hat einen langen, weißen Bart und blaue Augen. Ich frage mich, ob er immer so aussieht oder ob er sein Aussehen auf mich zugeschnitten hat.

Gott lacht und sagt: «Ich habe viele Erscheinungsformen. Warum nicht der alte Mann mit Bart, wie du es gewohnt bist?»

Er gibt ein wohltönendes Lachen von sich und es kommt mir so vor, als würde das ganze Schloss aus diesem Lachen bestehen. Auch Jesus, Erzengel Michael und Engel Sebastian lachen. Gottes Mantel ist bestickt mit vielen kleinen Vögeln und Blumen.

«Ich liebe Blumen und Vögel», sagt Gott Vater. «Ich wusste, dass dir dieser Mantel gefallen wird. Blumen und Vögel sind meine Boten.» Er bittet mich mit einer Handbewegung, mich zu setzen. Erst jetzt bemerke ich ein riesiges, weißes Sofa im Saal. «Das war vorher auch nicht da», sagt Gott und lacht wieder. «Ich dachte, es würde dir gefallen, dich setzen zu können. Dir ist die Gemütlichkeit doch wichtig.»

Jetzt lache auch ich und setze mich auf das göttliche, so eben herbeigezauberte Sofa. Gott Vater setzt

sich in einen hellen, mit Blumenmuster verzierten Sessel und fragt: «Möchtest du einen Tee trinken?»

Ich bin neugierig auf den göttlichen Tee und nicke zustimmend. Sofort steht die Tasse, die mit einem Rotkehlchen bemalt ist, vor mir auf einem kleinen Tisch. Ich nehme einen Schluck, der Tee schmeckt süß und fruchtig.

«Erdbeere und Rose aus meinem Garten», sagt Gott Vater und lacht. «Ich kann dir meinen Garten gerne nachher zeigen, wenn du möchtest.»

«Sehr gerne», sage ich.

«Aber kommen wir jetzt zu den wichtigen Dingen», fährt Gott fort und lächelt mich fröhlich an. «Die Erde befindet sich gerade unter meiner Lichteinstrahlung. Das wird einigen ganz schön den Kopf verdrehen, denn sie wissen, dass ihnen nicht mehr viel Zeit bleibt. Es wurde von Anfang an so beschlossen, dass es nur eine gewisse Zeit auf der Erde gibt, um sich für oder gegen die Liebe zu entscheiden. Es tobt gerade der Endkampf und mein Licht, das ich nun einströmen lasse, wird dazu führen, dass viele Menschen das erkennen und aus dem Spiel aussteigen.»

«Was meinst du mit Aussteigen?», frage ich nach.

«Sie werden erwachen und erkennen, wer sie sind. Freie göttliche Wesen, die sich in Abhängigkeit begeben haben. Es wird eine große Revolution des Lichtes und der Liebe stattfinden. Die Zeit der Manipulatoren läuft ab. Ihr Schauspiel wird durchschaut und der Vorhang fällt.»

«Wann wird es geschehen?», frage ich.

«Ihr befindet euch mittendrin in diesem Prozess. Ich habe meine himmlischen Gesandten zu euch geschickt, die jetzt die Energie der Erde erhöhen. Das wird alles verändern. Ihr dürft euch auf eine große Zeitenwende einstellen. Alles wird sich verändern: eure Wirtschaft, euer Geldsystem, euer Gesundheitssystem, eure Wissenschaft, eure Beziehungen und Familien. Alles wird nun von mir persönlich erneuert. Alle, die sich dagegen stellen, werden sich nur selbst schaden. Deshalb sei jedem Menschen angeraten, sich nun meinem Willen anzuschließen und sich für Liebe und Gerechtigkeit einzusetzen.»

«Müssen die Menschen sich vor schlimmen Zuständen auf der Erde fürchten? Wie kann man vorsorgen?», frage ich.

«Das Gebet hilft. Wer mir vertraut, wird sicher geführt und ist beschützt. Ich will euch jedoch nicht verschweigen, dass es für viele, die Veränderungen nicht mögen, nicht einfach wird. Denn die Veränderungen werden gigantisch sein. Kein Stein wird auf dem anderen bleiben. Eine Welt, wie ihr sie jetzt kennt, wird es nicht mehr geben.»

Ich möchte zu gerne wissen, was sich alles verändern wird. Gott nimmt meine Gedanken sofort wahr.

«Ich erzähle dir gerne mehr darüber. Lass uns im Garten weiterreden. Ich möchte dir meine Blumen und Vögel zeigen.»

DIE ZUKUNFT DER ERDE

Der Garten ist ein riesiger Park, dessen Ende mit dem Auge nicht erkennbar ist. Wohin man auch blickt, man sieht Blumen, prachtvolle Bäume und viele unterschiedliche Tiere. Gerade kommt ein Eichhörnchen angesprungen und setzt sich auf Gottes Schulter.

«Hallo Elanda», begrüßt Gott das Eichhörnchen.

«Haben hier alle Tiere Namen?»

Gott nickt. «Natürlich», sagt er. «Sie sind genauso meine geliebten Geschöpfe wie ihr Menschen.»

«Manche Menschen glauben, Tiere kommen nicht in den Himmel.»

Gott schüttelt den Kopf. «Die Menschen glauben vieles, das nicht wahr ist. Natürlich kommen die Tiere in den Himmel. Sie sind von mir geschaffen und sind unsterblich, genau wie die Menschen.»

«Macht es dir eigentlich etwas aus, dass so viele Menschen dich nicht wirklich kennen?»

Gott scheint einen kurzen Augenblick zu überlegen. «Manchmal schon, aber sie haben ihren freien

Willen und dürfen denken und glauben, was sie wollen. Auf eurer Erde gibt es so viele Unwahrheiten. Was mich wundert, ist, dass so viele Menschen glauben, anstatt selbst zu forschen. Das ist das Problem auf eurem Planeten, die Menschen glauben in der Regel das, was andere ihnen sagen. Eure Politiker und Machthaber machen ungezügelt davon Gebrauch. Übrigens nicht nur eure Politiker, sondern auch eure Wissenschaftler, die abstruse Theorien als die Wahrheit verkaufen. Was teilweise in euren Schulen gelehrt wird, kommt uns hier vor wie ein geistiges Mittelalter.»

«So habe ich mich manchmal in der Schule gefühlt», stimme ich zu.

Gott nickt und lächelt. «Du hast recht schnell durchschaut, dass etwas schief läuft. Zum Glück hast du dich nicht manipulieren lassen und bist deinen eigenen Weg gegangen, wie wir es zuvor besprochen hatten.»

Ein kleiner Fuchs nähert sich uns von der Seite und Gott streichelt liebevoll seinen Kopf.

«Hallo Lauri, wie geht es dir?»

Der Fuchs scheint zu lächeln. Dann ertönt plötzlich eine Stimme und währenddessen bewegt sich seine kleine Schnauze. Der kleine Fuchs spricht nicht telepathisch, sondern wirklich zu uns. «Mir geht es sehr gut. Wie ich sehe, hast du Besuch. Guten Tag, die Dame. Bist du neu hier?»

«Ich bin nur zu Besuch», antworte ich.

«Du kommst also von der Erde?», will Lauri wissen.

«Ja, genau», bestätige ich.

Lauri wackelt mit seinem schönen Kopf hin und her und sagt dann: «Dort war ich auch. Die Menschen sind ein raues Volk. Sie haben mich gejagt. So bin ich hier in den Himmel gekommen. Gott war so gütig, mich in seinen Garten aufzunehmen. Das ist möglich, weil ich hier keine Jagdambitionen mehr habe und mit Gans und Maus befreundet bin.» Ich streichele Lauri über sein glänzendes Fell. Es fühlt sich ein bisschen borstig an. «Wie ein echtes Fuchsfell», sagt Lauri. «Ich bin sehr schön, findest du nicht?»

«Ja, sehr schön», bestätige ich.

Gott lacht und sagt: «Du bist ein wahrhaft schöner Fuchs, Lauri. Doch nun lasst uns von der Zukunft der Erde sprechen.»

«Das interessiert mich auch», sagt er. Der Fuchs setzt sich neben unsere Füße und lauscht.

Gott sagt: «Die Tierwelt der Erde wird sich ebenfalls verändern. Ab dem Zeitpunkt, an dem der Aufstieg vollzogen worden ist, werden die Tiere wieder ihre volle Weisheit besitzen und euch Menschen auf eurem Weg unterstützen. Die Tiere besitzen eine Weisheit, die ihr im Augenblick nicht einmal erahnen könnt. Doch wenn mein Licht auf die Erde strahlt, wird das Bewusstsein der Tiere erhöht. Ihr werdet mit den Tieren reden können, so wie du es jetzt hier machst. Wenn auch nicht direkt, so doch telepathisch.»

Gott lacht und Lauri lacht auch. Lauris Lachen klingt wie Schluckauf, nur schnell hintereinander. Das macht alles noch lustiger und so kommen wir aus dem Kichern kaum wieder raus. Auch Erzengel Michael und Engel Sebastian lachen.

«Jetzt sollten wir wieder auf die ernsten Dinge zu sprechen kommen», sagt Gott, um kurz darauf wieder einen Lachanfall zu bekommen.

«Geht es hier immer so lustig zu?», will ich wissen.

Gott schaut mich an und sagt: «In Wahrheit ist es noch viel lustiger.»

«Auf der Erde ist dein Name eher mit Ernsthaftigkeit verbunden», sage ich.

«Was schade ist», bemerkt Gott. «Doch auch das wird sich ändern. Ich werde meine Engel in Sternenschiffen auf die neue Erde schicken und sie werden euch meinen Humor bringen. Ihr Menschen nehmt das Leben oft sehr schwer. Dabei würde es mit Fröhlichkeit und Leichtigkeit viel angenehmer sein. Ihr habt euch in den vielen Jahrhunderten so sehr verirrt, dass ich jetzt eingreifen muss, um die Erde zu retten.»

«Wie schlimm steht es um die Erde? Was ist mit dem Klimawandel?»

Gott überlegt kurz, bevor er antwortet: «Die Natur der Erde wurde und wird von den Menschen sehr geplündert. Das ist ein Problem, denn die Energien, die

Menschen nutzen, sind längst überholt. Es gibt neue Energien, die euch zur Verfügung stehen. Wenn meine Engel in ihren Sternenschiffen zu euch kommen, werdet ihr Mitglied im galaktischen Rat und das heißt, ihr werdet auf unermessliche Energie aus dem Kosmos zurückgreifen können. In meiner Schöpfung gibt es keinen Mangel. Doch wenn ein Volk nicht in Frieden lebt, kann es nicht in die galaktische Föderation aufgenommen werden. Die galaktische Föderation ist ein Friedenskomitee unter Jesus, der meinen Willen ausführt. Wenn der Großteil der Menschen Frieden will, werden meine Engel ihnen in Lichtschiffen zur Hilfe eilen. Dieser Moment ist jetzt gekommen. Meine Engel, die ihr Aliens nennt, werden die Erde besuchen und alles verändern. Sie werden erneut meine Botschaft der Liebe und des Friedens bringen und ihr werdet eine neue Erde erhalten, denn das Licht wird sich erhöhen. Ihr werdet die Energieebene wechseln. Ihr müsst euch keine Sorgen machen. Meine Engel werden euch beistehen. Ihre Lichtschiffe sind überall um euren Planeten stationiert und sie sind bereit einzugreifen. Sie werden sich in diesem Jahrzehnt zeigen und ihr werdet ihre Existenz anerkennen müssen. Die Spekulationen über meine Helferinnen und Helfer werden ein Ende nehmen, denn jeder Mensch wird sie sehen. Mich wundert es, dass ihr die Wahrheit nicht erkennt, obwohl sie so offensichtlich ist.»

«Vielleicht liegt es daran, weil es so viele Meinungen gibt », überlege ich.

Gott nickt und sagt: «Das ist wahr. Ihr Menschen könnt den Wald vor lauter Bäumen nicht mehr sehen. Doch ich werde euch zu Hilfe eilen. Meine Engel werden euch bald besuchen. Alles wird anders werden. Eure Meere werden gesäubert und eure Atmosphäre gereinigt. Ihr werdet euch wie neu geboren fühlen.»

«Wird es Erdbeben, Überschwemmungen, schlimme Stürme und andere Katastrophen geben, bevor deine Engel eintreffen», möchte ich wissen.

«Das kommt ganz darauf an, wie schnell meine Engel eingreifen. Die Erde hat kein Interesse an Rache an den Menschen. Ganz im Gegenteil. Sie möchte, dass alles harmonisch verläuft. Ihr könnt die Erde unterstützen, indem ihr betet und ihr göttliches Licht schickt. Doch ihr sollt wissen, dass die Erde von allem gereinigt wird und wieder wie neu sein wird. Dafür sorgen meine Engel, die ich sehr bald zu euch schicke. Jesus und Erzengel Michael werden dich nun mitnehmen zur galaktischen Föderation, die ein Teil des Himmels ist.»

Ich verabschiede mich von Gott, dem Eichhörnchen und dem kleinen Fuchs. Gott winkt uns lachend nach.

UFOS AUF GÖTTLICHER MISSION

Zusammen mit Jesus, Erzengel Michael und Engel Sebastian kehre ich zurück zum Lichtschiff.

Jesus sagt: «Nun wird es sehr interessant für dich werden.»

Erzengel Michael und Engel Sebastian lächeln mich aufmunternd an. Im Lichtschiff herrscht eine fast feierliche Stimmung. Jesus scheint sehr glücklich zu sein. Er errät meine Gedanken.

«Ich freue mich, weil in naher Zukunft die Wahrheit ans Licht kommt. Und dieses Buch ist ein Teil von ihr. Es wird Zeit, dass die Menschen sich für meine Sternengeschwister öffnen.»

Der Flug geht schnell vorüber. Wir landen auf einem riesigen Flugplatz, der so groß ist, dass man das Ende mit den Augen nicht erkennen kann. Überall stehen Flugobjekte, sogenannte Ufos, die im Licht strahlen und glänzen.

«Hier starten die Lichtschiffe ihre Reise», erzählt Erzengel Michael. «Es ist natürlich nicht der einzige

Flugplatz im Kosmos, wie du dir denken kannst, aber er ist sehr wichtig. Von hier aus starten viele Lichtschiffe in göttlicher Mission.»

Ich sehe jetzt viele Engel ohne Flügel, die gerade in ein Lichtschiff ein- oder aussteigen. Es herrscht reger Betrieb auf dem Gelände.

«Wir wollen uns eines genauer anschauen», schlägt Erzengel Michael vor und führt mich zu einem der Lichtschiffe. Es kommen zwei Engel auf mich zu. Sie sind recht groß und haben weissblondes Haar. Es handelt sich um eine Frau und ein Mann, die mich anlächeln.

«Herzlich willkommen!», begrüßen sie mich gleichzeitig und schenken mir ihr strahlendes Lächeln. «Ich bin Venusia und das ist Korthon», sagt die Engelfrau. «Wie du an meinem Namen unschwer erkennen kannst, diene ich den Interessen der Venus. Wenn wir die Erde besuchen, schlagen wir meistens auf der Venus unser Lager auf. Ich stamme ursprünglich auch von dort. Mein Kollege Korthon stammt von den Plejaden. Wir beide gehören der galaktischen Föderation an, die dafür zuständig ist, die Erde – und einigen anderen Planeten – bei ihrem Aufstieg in die fünfte Dimension zu unterstützen. Ihr befindet euch gerade in diesem Übergang und dadurch kann es zeitweise sehr kritisch werden. Denn bei einem Übergang kommt es dazu, dass einige Mächte dies verhindern wollen. Auf der fünften Dimension finden keinerlei Kämpfe mehr statt und das gefällt diesen Wesen nicht. Leider gibt es noch immer viele Völker im Kosmos, die die göttliche Liebe und den Frieden mit Füßen treten. Komm, wir zeigen dir einige unserer Schiffe.»

Ich folge Venusia und Korthon zu einem der Lichtschiffe.

«Dieses Schiff ist sehr klein und dient dazu, Gelände zu erreichen, die schwer zugänglich sind. Es ist ein Forscherschiff. Auf eurer Erde wurde diese Art von Schiff schon genutzt. Von diesem Schiff aus kann man alles sehen, ohne selbst gesehen zu werden. Komm, ich zeige es dir.»

Wir gehen über einige Stufen in das Lichtschiff hinein. Innen ist es geräumiger, als ich es mir vorstellte. Es gibt helle Sessel, ein Schaltpult, eine kleine

Bar mit Getränken und Nahrungsmitteln. Frisches Obst liegt in einer Schale auf einem kleinen Tisch. Manche Obstsorten sind mir unbekannt. Ich frage mich, ob hier auch Alkohol getrunken wird.

«Nein, Alkohol trinken wir nicht, doch wir haben andere Getränke, die belebend wirken. Sie sind jedoch nicht schädlich und wirken mehr auf energetischer Ebene als auf körperlicher.»

Alles im Lichtschiff ist abgerundet, nirgendwo gibt es scharfe Ecken oder Kanten. Korthon steht nun am Schaltpult und drückt auf einen Knopf. Sofort werden die Wände des Lichtschiffs durchsichtig und man kann wie durch eine Glaswand alles im Außenraum sehen.

«Wir können nun das beobachten, was draußen geschieht, aber niemand kann ins Innere hineinschauen», sagt Korthon und lächelt. Er hat sichtlich Spaß an seinem Schiff. «Lass uns in die Halle gehen, wir haben dir einiges mitzuteilen», sagt Korthon einige Augenblicke später. Gemeinsam verlassen wir das Schiff und betreten das Flughafengebäude. Obwohl reger Betrieb im Gebäude herrscht, ist es fast still.

«Das liegt am Material», sagt Korthon. «Man hört keine Schritte und es gibt hier kein Echo, so wie ihr es kennt. Dadurch ist alles angenehm ruhig. Auch unsere Lichtschiffe fliegen leise und sind nicht vergleichbar mit euren lärmenden Flugzeugen.»

Einige Engel winken mir zu und ich habe das Gefühl, sie zu kennen, kann mich aber nicht daran erinnern, woher ich sie kenne.

«Ja, du kennst sie», sagt Jesus. «Du wurdest als Kind von ihnen besucht. Daran kannst du dich doch noch erinnern.»

«Ja, jetzt erinnere ich mich. Es war wunderschön.»

Ich hatte als Kind sehr deutlich Ufos gesehen, die an einem Winterabend vor meinem Fenster flogen, konnte jedoch kein einziges Wesen in ihnen erkennen.

Korthon sagt: «Wir besuchen die Erde schon seit Millionen von Jahren. Aber eure Wissenschaftler grübeln darüber nach, ob es uns geben kann. Vor allem bezweifeln sie, dass wir die Erde erreichen können. Sie wissen nicht, dass für uns Raum und Zeit nicht existieren und dass es uns ein Leichtes ist, Raum und

Zeit zu überwinden. Wir reisen außerhalb von Raum und Zeit. Und das ist nicht nur uns möglich, sondern vielen anderen kosmischen Völkern. Leider auch denen, die es nicht so gut mit euch meinen. Jedoch sind ihre Manöver begrenzt, da sie nicht auf der höchsten göttlichen Ebene agieren. Doch sie wissen, wie sie die Zeit manipulieren können, und machen davon Gebrauch.»

Jesus hat einen besorgten Gesichtsausdruck. «Ja, es ist wahr, einige Machthaber haben mit diesen Wesen Verträge geschlossen, weil sie glauben, dass sie so ihren Einfluss ausweiten können. Sie wissen leider nicht, dass die größte Macht die Liebe ist. Hätten sie das erkannt, wären sie schon längst weit über sich hinausgewachsen und wären Teil der galaktischen Föderation, die sich für Liebe und Frieden im Universum einsetzt. Aber so werden sie von den niederen Wesen manipuliert und werden am Ende die Verlierer sein. Es tut mir leid für sie, denn sie hätten es auch anders haben können. Die galaktische Föderation hat allen Machthabern auf der Welt klargemacht, dass ihre Zeit abläuft und dass sie nur noch wenig Zeit haben, sich auf die Seite der Friedens-stifter zu stellen. Meine Engel kommen immer wieder zur Erde, um vom Frieden zu berichten und zu warnen. So auch Maria, die in Fatima die Menschen gewarnt hat. Sie ist damals mit einem himmlischen Lichtschiff zur Erde gekommen und hat den Menschen gesagt, was passieren wird, wenn sie nicht umkehren. Unsere Lichtschiffe sind göttlich. Damals, als ich auf der Erde war, war die himmlische, galaktische Föderation auch beteiligt. Wenn die Menschen anfangen, die Wahrheit zu verkünden, wird die Umwandlung beginnen. Dieser Tag ist nicht mehr fern. Haltet euch bereit, denn es kann schneller eintreffen, als ihr glaubt. Wir kommen in Frieden. Wir kommen als Friedensbringer. Ich bin der Friedensbringer und mein Komitee wird mich in meinen Bemühungen unterstützen. Doch zuvor werden die Wesen, die nicht an Frieden interessiert sind, die Krisenherde weltweit entzünden und für Chaos sorgen. Nutzt das Gebet, um das Schlimmste abzuwenden. Diese Phase wird nur zugelassen, damit ihr das Böse in seinem ganzen Ausmaß erkennen und euch von ihm abwenden könnt. Diejenigen, die dafür verantwortlich sind, werden keinen Platz mehr auf der neuen Erde haben. Sie werden an einen anderen Ort verbannt. Sie hatten genug Zeit, sich meinem Wunsch nach Frieden anzuschließen, doch sie haben es nicht getan. Ihre eigene Gier nach Macht und Reichtum war größer. Doch nun lasst uns positiv nach vorne schauen, denn niemand wird das aufhalten, was kommen wird.»

Venusia und Korthon lächeln. «So ist es», stimmt Venusia zu. «Wir werden die Erde befreien. Das göttliche Licht, das jetzt zur Erde fließt, wird die Menschen wecken und zu einer großen friedlichen Demonstration führen.»

Mir schwirrt eine Frage durch den Kopf, die ich mich kaum zu stellen wage.

Erzengel Michael antwortet: «Du möchtest wissen, ob ihr noch mit vielen schwierigen Herausforderungen umgehen müsst? Die Wirtschaft wird darunter leiden, deshalb wird es eine Phase geben, in der ihr Menschen sparsam sein müsst. Wir Engel werden alles tun, um das Schlimmste abzuwenden. Bitte betet um Frieden, damit ihr behütet seid. Durch das

Gebet erhöht ihr eure Schwingung und werdet von uns beschützt. Ich möchte dir Ashtar vorstellen, der eine ganz wichtige Rolle spielt und dir mehr über das Projekt Erde erzählen wird. Dazu müssen wir ins Mutterschiff.»

ASHTAR SHERAN

Ich verabschiede mich von Venusia und Korthon und gehe mit Jesus, Erzengel Michael und Engel Sebastian zurück zum Lichtschiff.

«Ashtar erwartet dich bereits», sagt Erzengel Michael, als das Lichtschiff abhebt.

Auf einer großen in der Mitte des Lichtschiffs schwebenden Leinwand, kann ich das Mutterschiff sehen. Wir nähern uns sehr schnell. Das Mutterschiff ist riesig groß. Ich versuche abzuschätzen, wie groß es ist, da sagt Jesus: «Es hat einen Durchmesser von ungefähr fünfhundert Kilometern.»

«Wie groß ist die Besatzung?», frage ich.

«Im Moment befinden sich über eine Million Wesen an Bord. Sie leben und arbeiten dort. Wir können dir heute natürlich nur einen winzigen Teil des Lichtschiffes zeigen, aber dennoch wird es sehr interessant», verspricht Erzengel Michael.

Wir fliegen durch einen Tunnel in das Mutterschiff hinein.

«Der Tunnel, der ins Innere des Lichtschiffs führt, ist etwa fünfzig Kilometer lang und energetisch abgeriegelt. Kein unbefugtes Schiff kann in das Lichtschiff hinein. Es ist unmöglich, das Mutterschiff anzugreifen, da es jeden Angriff durch seine energetische Schale abwehren kann», sagt Erzengel Michael. «Die galaktische Föderation wendet niemals Waffen an, sondern verteidigt sich ausschließlich passiv. Alle Völker und Planeten, die Teil der galaktischen Föderation sind, sind Friedensbringer. Jesus ist zu euch gekommen, um euch die Botschaft des Friedens und der Liebe zu bringen.»

Das Lichtschiff landet auf einem inneren Flugplatz. Man hat nicht das Gefühl, sich im Inneren eines Lichtschiffs zu befinden, denn überall ist blühende Natur.

«Wir legen großen Wert auf Natur», sagt Erzengel Michael.

Als wir aussteigen, werden wir von zwei Wesen begrüßt. Eines davon ist eine Frau mit langen schwarzen Haaren und katzenartigen Augen. Ihre Nase ist sehr flach und ihre Gestalt schlank und sportlich. Sie lächelt, doch mehr mit den Augen als mit dem Mund. Ihr Mund ist schmal und klein. Das andere Wesen ist männlich und um einiges größer als die Frau. Es hat einen ausgeprägten Kopf und große Augen. Sein Körper entspricht dem der Menschen.

«Das sind Emu und Tizian», stellt Erzengel Michael mir die beiden vor.

«Herzlich willkommen auf unserem Schiff», begrüßt mich Tizian. «Wir freuen uns, dich hier begrüßen zu dürfen. Wir kennen uns bereits, doch so genau wirst du das nicht mehr wissen.» Er lächelt und klopft mir liebevoll auf die Schulter. «Es ist mutig, auf der Erde als Vermittler zu dienen. Du hast unser aller Hochachtung.»

Tizian trägt einen glänzenden Anzug, dessen Farbe von Dunkelblau bis violett reicht, je nach Lichteinfall. Emu trägt ein langes, enganliegendes Kleid aus einem ebenfalls glänzenden, hellblauen Stoff.

«Ashtar erwartet dich bereits», berichtet Tizian.

Wir steigen in ein weiteres kleines Lichtschiff und nach einem kurzen Flug landen wir vor einem imposanten, weißen Gebäude, das von einer hellblauen

Fahne mit weißen Sternen gekrönt wird. Im Inneren des Gebäudes herrscht reger Betrieb.

«Es ist das Regierungsgebäude des Mutterschiffes», sagt Tizian. «Hier gehen Botschafter der unterschiedlichsten Planeten der galaktischen Föderation ein und aus.»

Ich frage mich, wie viele Planeten zur galaktischen Föderation gehören. Tizian erkennt meine Frage und antwortet: «Im Augenblick sind es ungefähr fünfhundert Millionen. Doch die meisten wirken nicht aktiv, sondern stehen einfach unter unserem Schutz. In der galaktischen Föderation befinden sich ausschließlich Friedensplaneten. Diese Planeten leben mit ihren Tieren und Pflanzen im Frieden.»

«Ich hoffe, dass die Erde bald auch zu diesen Planeten gehört», sage ich.

Tizian nickt. «Ashtar wird dir mehr dazu erzählen.»

Wir gehen durch eine Tür in einen großen, runden Raum. In der Mitte des Raumes befindet sich ein ebenfalls runder Tisch, an dem viele Wesen sitzen, die sich angeregt austauschen. Ein Mann mit hellblonden Haaren steht auf und kommt auf uns zu.

Er trägt einen schimmernden silbernen Anzug und hohe, enganliegende Stiefel. Seine Augen sind hellblau und blinzeln fröhlich.

«Ich bin Ashtar, ich heiße dich auf dem Mutterschiff willkommen. Fühle dich ganz wie zuhause.»

Er führt uns in einen kleinen, ruhigen Nebenraum, der mit zahlreichen Pflanzen wie ein kleines Paradies wirkt. In der Mitte des Raumes plätschert leise ein Springbrunnen. Sofort entspanne ich mich. Der Raum hat eine beruhigende Wirkung. Es duftet angenehm waldig und frisch.

«Der Duft stammt von den Pflanzen», sagt Ashtar. «Er wirkt harmonisierend und erfrischend zugleich, ähnlich eurem Zedernduft auf der Erde. Möchtest du dich noch umsehen oder sollen wir gleich zum Thema kommen?»

Ashtar lächelt.

«Ich würde es vorziehen, wenn wir gleich zum Thema kommen, obwohl ich am liebsten das ganze Mutterschiff erforschen würde.»

Ashtar klopft sich auf die Oberschenkel und beginnt: «Also gut, fangen wir an. Zu unserer Mission gehört es, Planeten zu befreien, die sich in Unterjochung durch niedere Rassen befinden. Dazu gehört auch eure Erde.»

«Was meinst du mit niederen Rassen?», frage ich nach.

«Ich meine damit, dass ihr von Rassen gefangen genommen wurdet, die kein Interesse am Frieden haben. Ihr seid ihre Spielbälle und, wie es scheint, könnt ihr euch allein nicht mehr befreien. Planeten, die von diesen Rassen in Gefangenschaft genommen werden, werden einer Gehirnwäsche unterzogen und auf einer niedrigen Energiefrequenz gehalten. Dies passiert durch viele verschiedene Methoden. Sie plündern euren Planeten und geben euch im Gegenzug Technik, die euch helfen soll, eure Macht im Kosmos zu erweitern. Ein sehr schlechter Deal, denn er ist an unangenehme Bedingungen gebunden. Außerdem handeln diese Wesen niemals ehrlich und legen die Leute rein, mit denen sie verhandeln. Es sind Wesen von Planeten, die ihre eigene Energie so heruntergewirtschaftet haben, dass sie auch andere mit in den Untergang ziehen wollen. Wir beobachten die

Erde schon sehr lange und wir handeln nach göttlichem Plan. Im Augenblick wird die Spreu vom Weizen getrennt, wie Jesus es euch voraussagte. Das bedeutet, dass die Menschen sich in zwei Lager spalten, in die, die zu Jesus und seiner Friedensbotschaft gehören, und in die anderen, die kein Interesse an Frieden haben. Diese Phase wird noch intensiver und die Menschen müssen nun teilweise auf traurige Weise feststellen, dass einige Menschen ganz anders sind, als sie zuvor dachten. Niemand kann in dieser Zeit seine Maske wahren. Alles kommt ans Licht. Das liegt an den hohen kosmischen Lichteinflüssen, die nun von der Zentralsonne zur Erde strömen. In Kürze wird es einen Polsprung geben, doch ihr braucht euch nicht zu fürchten, er wird sanfter sein, als ihr befürchtet. Wir haben die Pole der Erde gut unter Kontrolle und lassen eine erneute Katastrophe nicht zu. Die Geschichte eurer Sintflut ist wahr und einige eurer Wissenschaftler wissen viel mehr darüber, als sie sagen. Die Machthaber wissen auch viel über uns und kennen unsere Absichten. Dennoch glauben sie, dass sie mit so weitermachen können, wie bisher. Sie glauben, dass sie uns im Fall der Fälle mit ihren Waffen, die sie von nicht an Frieden interessierten Aliens erhalten haben, bekämpfen könnten, doch das ist absolut unmöglich. Sie können nicht mal einen kleinen Kratzer in unsere Lichtschiffe machen. Sie haben jetzt ein Ultimatum erhalten und ihr könnt davon ausgehen, dass sie sich in den nächsten Jahren ziemlich daneben benehmen werden, denn sie sehen ihren Einfluss schrumpfen.»

Ich höre gebannt zu und mir gehen dabei so viele Fragen durch den Kopf.

«Stelle deine Fragen», ermutigt Ashtar mich. «Doch lass mich dir zuvor die neue Erde zeigen. Vielleicht werden sich dadurch einige von deinen Fragen von selbst beantworten.»

WIE IM PARADIES

Wir gehen zurück in den großen, runden Raum, der sich zwischenzeitlich geleert hat. Nur zwei Personen sitzen noch am Tisch und nicken uns kurz mit einem Lächeln im Gesicht zu. Ashtar führt mich zu einem großen, schwebenden Monitor, der plötzlich in der Luft erscheint. Ich sehe das Bild der Erde, wie man es vom Weltall aus sehen würde.

«Die Erde wird schon bald in eine neue Energie gebracht. Das führt dazu, dass sich euer Bewusstsein erhöht. Es sind hohe kosmische Einstrahlungen, die von den niederen Rassen nicht vertragen werden. Deshalb werden sie freiwillig die Erde verlassen. Doch im Moment versuchen sie alles, um diese Lichtenergien aufzuhalten. Und sie sind darin wirklich kreativ, wenn man das so nennen möchte.»

Ich sehe die Erde, die in Licht gebadet wird.

«Lasst uns das genauer anschauen», sagt Ashtar und zoomt näher an die Erde heran. Ich sehe viel Wasser und grüne Natur. Alles wirkt sauber und gereinigt. «Ich zeige dir die neuen Städte.»

Ashtar zoomt eine Stadt heran. Ich erkenne fliegende, kleine Lichtschiffe und zahlreiche helle Gebäude, die sich angenehm in die Landschaft einfügen. Auch Menschen sind zu sehen. Ihre Kleidung ist eine andere, als wir sie heute kennen. Sie tragen Anzüge und Kleider aus schimmerndem Material. Das Haar mancher Frauen ist mit Blumen geschmückt, andere tragen ihr Haar kurz und manche haben eine Glatze. Die mit der Glatze sehen jedoch nicht menschlich aus, sondern wie eine andere Rasse. Sie haben große, katzenähnliche Augen.

«Es werden viele Rassen auf der Erde in Frieden zusammenleben», erklärt Ashtar.

Die menschlichen Männer tragen die Haare kurz. Gekleidet sind sie in praktische Anzüge, die aus einem leicht glänzenden Material gemacht sind. Ich sehe auch viele Kinder unterschiedlicher Rassen, die miteinander spielen.

«Was werden die Menschen in ihrer Freizeit tun?», möchte ich wissen.

«Die Freizeit gestaltet sich ähnlich wie eure heutige. Manche werden Sport treiben, andere werden lesen, sich kreativ beschäftigen oder Gruppen für ein bestimmtes Hobby gründen. Es wird viel mehr Freizeit geben, als ihr es jetzt kennt.»

«Wird es Arbeit geben? Und was ist mit Geld?»

«Arbeit wird es geben», erwidert Ashtar, «jedoch auf freiwilliger Basis. Jeder wird sich für das engagieren können, was ihm oder ihr am Herzen liegt. Wir haben auf anderen Planeten gute Erfahrungen damit gemacht. Die Gesellschaften, in denen sich Menschen aus freien Stücken entfalten und entwickeln können, blühen in der Regel rasant auf. Ihr alle habt unzählige Talente und es wird euch Freude machen, euch einzubringen. Was das Geld betrifft: Es wird eine Form der Bezahlung geben, aber das Wertesystem hat nichts mit dem zu tun, was ihr jetzt auf eurer Erde habt. Jeder wird Zugang zu allem haben, was er benötigt und für sein Leben gerne haben möchte. Doch stelle es dir nicht so vor, wie es im Augenblick bei euch ist. Euer Leben ist momentan voller Dinge, die ihr nicht braucht und die auf Kosten der Erde hergestellt wurden. Das wird es auf der neuen Erde nicht geben. Alles wird im Einklang mit der Natur geschehen. Wir können außerdem auf Ressourcen anderer Planeten zugreifen, sodass alles im Gleichgewicht bleibt.»

Ich würde so gerne fragen, wann es so weit sein wird, aber ich weiß, dass ich darauf keine genaue Antwort bekommen werde. Ashtar lächelt, denn er hat meine Frage wahrgenommen.

«Ich kann deine Neugier verstehen, doch ich selbst kann dir dazu nichts sagen. Wir erhalten Aufträge von höherer Ebene. Ich kann dir jedoch versichern, dass wir auf alles vorbereitet sind. Auch für eine großflächige Evakuierung. Es wurde bereits alles einige Male durchgespielt, was mir zeigt, dass es durchaus dazu kommen könnte. Es wäre nicht das erste Mal, dass wir die Bevölkerung eines gefährdeten Planeten evakuieren müssten. Es liegt jedoch tatsächlich an vielen einzelnen Faktoren. Das, was geschieht, ist nicht festgeschrieben und in Stein gemeißelt, wie ihr so treffend sagt. Die Handlungen der Menschen können wir nicht voraussehen, doch wir können eine Richtung erkennen, die uns alarmiert.»

Ashtar zeigt mir die Tiere der neuen Erde. Es sind einige Tiere dabei, die mir unbekannt sind.

«Sie werden das Geschenk anderer Planeten sein. Es sind übrigens alles friedliche Tiere. Auch eure Tiere werden eine Transformation erleben. Wie es in der Bibel vorausgesagt wurde, werden Löwe und Lamm friedlich zusammen sein. In der fünften Dimension ist kein Töten mehr möglich und auch nicht mehr nötig. Auch die Tiere sind bereit, sich zu erheben und ihre niedere Natur loszulassen.»

«Es wird so sein wie im Paradies», sage ich begeistert.

«Ja», stimmt Ashtar zu. «Wie im Paradies.» Ashtar zeigt mir die kleinen Lichtschiffe, die Autos ähneln und sagt: «Mit diesen Lichtschiffen könnt ihr zwar nicht in den Kosmos fliegen, aber sie gelangen sehr schnell an einen Ort eurer Wahl. Und sie haben keinen negativen Effekt auf die Umwelt, da sie mit einem Magnetantrieb fliegen, der seinen eigenen Strom erzeugt. In den Urlaub zu fliegen, wird übrigens auch auf der neuen Erde weiterhin sehr beliebt bei euch Menschen sein. Ihr werdet mit euren eigenen Lichtschiffen reisen oder mit einem größeren in Gruppen. Es wird euch sehr viel Freude bereiten.»

Ich frage mich, ob diese Umwandlung ohne große Umwälzungen über die Bühne gehen kann.

Ashtar spürt meine Gedanken und sagt: «Nein, es wird nicht ganz ohne Transformationen vonstattengehen, doch wir werden dafür sorgen, dass sie so sanft wie möglich geschehen.»

«Was sollte man in der Zeit der Umwandlung beachten?», möchte ich wissen.

Erzengel Michael antwortet: «Das Gebet wird euch helfen, denn durch das Gebet erhöht ihr eure Energie auf ein Level, das euch unantastbar macht. Wunder sind möglich, wenn ihr erkennt, wie mächtig ihr durch das Gebet seid. Außerdem solltet ihr euch frühzeitig darauf vorbereiten, eure schlechten Gewohnheiten abzulegen. Wir empfehlen den Menschen außerdem, den Fleischkonsum einzustellen, um ihre Energie aus der niederen Matrix zu befreien. Auf der neuen Erde wird es kein Fleisch mehr geben, denn wir leben mit den Tieren in Frieden und Liebe zusammen. Tiere sind für uns heilig, genauso wie ihr Menschen es seid. Als nächstes würden wir dir gerne das Tierparadies zeigen.»

«Sehr gerne», freue ich mich.

«Doch zuvor möchten wir dir noch jemanden vorstellen. Maria wartet auf dich. Sie befindet sich gerade im Mutterschiff und würde dich gerne sehen.»

Ich bin aufgeregt, denn Maria liegt mir sehr am Herzen. Wir verabschieden uns von Ashtar und gehen durch einen langen hellen Gang, in dem hinter Glas Pflanzen und Blumen wachsen.

«Dies sind alles Pflanzen von unterschiedlichen Planeten, die hier auf dem Schiff leben. Wir lieben es, von Pflanzen umgeben zu sein. Es hilft den einzelnen Mitgliedern dabei, sich heimisch zu fühlen, wenn sie ihre bekannten Pflanzen um sich haben.»

Wir betreten einen etwas kleineren, runden Raum, in dem Maria in der Mitte auf einem kostbar wirkenden Stuhl sitzt. Sie steht auf, als sie uns erblickt. Sie sieht sehr jung aus. Ihr goldblondes Haar fällt ihr seidig glänzend über die Schultern. Die großen blauen Augen strahlen vor Freude. Ihre Haut ist sehr hell, fast wie Alabaster und sie strahlt ein angenehmes Licht aus. Es wirkt tatsächlich so, als würde sie von innen heraus leuchten. Ihr Kleid ist lang, königsblau und aus schimmerndem, glänzendem Material.

«Ich grüße dich», sagt sie voller Freude. «Wahrscheinlich wundert es dich, mich hier anzutreffen, oder?»

Ich entgegne: «Nein, jedoch würde es viele andere Menschen verwundern.»

Maria nickt: «Das kann ich verstehen», sagt sie. «Ich wirke multidimensional und kann an vielen Orten gleichzeitig sein. Wie Jesus und Erzengel Michael es auch können und tun. Ich bin von Gott auserwählt, die Menschen zu warnen und vorzubereiten. Leider hören nur wenige auf mich, wie die Vergangenheit zeigt. Meine letzte große Warnung gab ich in Fatima, doch kaum jemand nimmt sie ernst. Damals kam ich in einem Lichtschiff zur Erde, denn wir kommen vom Himmel, das heißt, wir kommen in Gottes Auftrag. Es gibt Wesen auf der Erde, die euch Menschen den Kopf verdrehen, so dass ihr dunkle Wege beschreitet. Es tut mir sehr leid für euch, doch Gott

hat euch ein Ultimatum gesetzt und dies wird in Kürze ablaufen. Seine Geduld mit euch ist am Ende. Ihr seid zu sehr auf die dunklen Wesen eingegangen, die gegen den Frieden arbeiten. Die Wandlung wird nicht angenehm sein, doch sie ist unausweichlich. Wir arbeiten hier daran, eure Energie so zu erhöhen, dass es glimpflich über die Bühne geht, doch ihr solltet euch darauf vorbereiten, dass die niederen Rassen die Umwandlung verhindern wollen. Betet und erhöht eure Energie durch Frieden und Liebe. Dann wird alles gut. Es sind viele Lichtbringer aus Gottes Welten auf eurem Planeten und sie bemühen sich, die Energie der Menschen zu erheben. Gott schenkt euch allen die Möglichkeit zur Umkehr, doch ihr müsst selbst wählen.» Maria lächelt und reicht mir die Hand. «Nun geh und betrachte das Paradies der Tiere und erfreue dich an Gottes Schöpfung.»

DIE TIERE IM JENSEITS

Das Lichtschiff bringt uns zum Paradies der Tiere. Jesus sagt, dass ich nur einen kleinen Teil des Tierparadieses sehen werde, denn es ist unendlich groß.

Wir landen auf einer großen, blühenden Wiese. Ich entdecke zwei weiße Einhörner, die ein silbernes Licht ausstrahlen. Sie kommen uns gleich entgegengetrabt.

«Das sind die Königin und der König der Einhörner», sagt Jesus und streichelt beide an ihren zarten Köpfen. Ihre Hörner bestehen aus purem Kristalllicht. «Mit ihrem Horn empfangen sie göttliche Energien und geben sie weiter», sagt Jesus.

Die Königin der Einhörner blickt mich aus ihren sanften Augen an, die von langen Wimpern umrandet sind, und vermittelt mir telepathisch: «Herzlich willkommen im Paradies der Tiere. Wir wissen, dass ihr Menschen eure Tiere sehr vermisst, wenn sie eure Ebene wieder verlassen. Hier sind sie jedoch gut aufgehoben. Schau dich gerne um.»

Die beiden Einhörner begleiten uns, als wir uns den Haustieren nähern. «Eure Haustiere werden von Engeln betreut. Oft leben sie hier mit Menschen zusammen und spielen mit den Kindern. Sie werden nicht allein gelassen und werden liebevoll umsorgt.»

Wir kommen zu einer Wiese, auf der zahlreiche Hunde mit Kindern spielen. In der Nähe befindet sich ein See, in dem die Hunde und Kinder baden und spielen. Dieser Anblick ist so entzückend, dass mir vor Rührung Tränen in die Augen steigen. Es ist die absolute Reinheit und Unbekümmertheit, die sich meinem Anblick bietet. Am Rand des Sees sitzen Erwachsene und Kinder zusammen, die kleine Katzen streicheln oder ihr seidiges Fell bürsten. Andere Katzen klettern in den Bäumen und springen leichtfüßig von Ast zu Ast. Als die Tiere Jesus bemerken, kommen einige von ihnen zu uns. Sie umkreisen Jesus und es scheint, als würden sie lächeln. Jesus beugt sich zu ihnen hinunter, redet mit ihnen und streichelt sie. Ein kleiner Papagei kommt angeflogen und setzt sich auf Jesu Schulter. Auch Erzengel Michael und Engel Sebastian werden von den Tieren umringt. Zu mir kommt ein kleiner weißer Hund und redet telepathisch mit mir. «Sag den Menschen, dass es uns hier gut geht. Sie brauchen sich keine Sorgen um ihre geliebten Tiere zu machen. Und sie werden sie ganz sicher wiedersehen. Viele der Haustiere warten voller Vorfreude auf ihre Besitzer.»

Ich bedanke mich herzlich für die Information. Der kleine weiße Hund macht vor mir einen Purzelbaum und läuft zum See. Er fordert mich auf mitzukommen. Das Wasser des Sees ist absolut rein und klar. Viele Menschen sitzen mit ihren Tieren am Wasser und man schaut nur in lächelnde Gesichter.

Jesus kommt an meine Seite. «Es ist schön hier, nicht wahr?»

«Ja, sehr schön.»

Er fordert mich auf, mich zu setzen. «Eure Haustiere sind in der Regel über verschiedene Leben mit euch verbunden und es herrscht eine innige Beziehung zwischen euch. Eure Haustiere kommen mit einer speziellen Aufgabe zu euch. Sie sind daran interessiert, dass ihr euch spirituell weiterentwickelt und auch sie selbst machen wichtige Erfahrungen. Jedes

Tier kommt nach dem Leben an den passenden Platz im Tierparadies. Keines geht verloren. Komm mit, ich zeige dir einen anderen Ort.»

Ich folge Jesus und wir kommen zu einem kleinen Urwald, in dem viele Vögel leben. Überall sind sprudelnde Quellen mit reinem Wasser, blühende Pflanzen und Bäume. Zahlreiche bunte Vögel fliegen zwischen den Bäumen umher. Auch Schmetterlinge schweben anmutig durch die Luft und auf dem Boden entdecke ich kleine Insekten. Jesus hält seinen Handrücken auf den Boden und sofort springt ein kleiner grüner Käfer hinauf. Der Käfer scheint innerlich zu lächeln und vermittelt uns telepathisch: «Jetzt habt ihr mich gerade bei meinem Abenteuer gestört.» Der Käfer kichert und wir auch.

«Dann wollen wir nicht länger stören», sagt Jesus und setzt ihn wieder ab. «In euren Animationsserien haben eure Tiere ein hohes Bewusstsein, so ist es auch, wenn sie wieder hier sind. Man kann sich mit jeder kleinen Ameise unterhalten. Leider könnt ihr das auf der Erde nicht, sonst würden die Menschen anders mit den Tieren umgehen.» Jesus sieht kurzzeitig betrübt aus, doch dann lächelt er wieder. «Schon bald werden die Tiere auf eurer Erde eine andere Stellung haben. Sie werden geachtet und geschützt. Ihr dürft euch auf den Frieden freuen, denn ich bin der König aller Lebewesen, auch der Tiere. Ich liebe alle Tiere und die Tiere lieben mich. Würden die Menschen wissen, dass die Tiere ihre geistigen Geschwister sind, würden sie ihnen kein einziges Haar mehr krümmen. Bald ist es so weit und die Tiere werden in Frieden leben können. Aber komm, lass uns noch andere Tiere besuchen.»

Jesus führt mich aus dem Urwald hinaus auf eine große Weide. Auf ihr sind Kühe, die von Kindern mit Blumenkränzen geschmückt werden. Die Kühe lächeln zufrieden. Um ihren Hals tragen sie eine Glocke, die eine zarte Melodie erklingen lässt.

«Meine Kühe sind heilige Tiere. denn sie sind absolut sanftmütig. Schau nur, wie glücklich sie sind.»

Glücklich ist gar kein Ausdruck, diese Kühe haben einen seligen Ausdruck im Gesicht. Zwei Kühe kommen auf uns zu.

«Hallo Marianne und Selma», begrüßt Jesus sie.

Die beiden Kühe zwinkern uns zu und Selma beginnt zu sprechen. Ihr weiches Maul öffnet sich dabei. «Hallo, ihr Lieben. Wie geht es euch heute?»

Ich lache und sage: «Sehr gut und dir?»

«Mir geht es hervorragend. Das Gras ist grün und frisch, der Himmel ist blau und ich bin glücklich. Was will eine Kuh mehr?»

Selma lacht und auch Jesus lacht. Ich frage mich, ob Selma immer eine Kuh bleibt. Selma hat meinen Gedanken wahrgenommen und antwortet: «Im Moment gefällt es mir sehr gut, eine Kuh zu sein, aber wer weiß, vielleicht wäre ich irgendwann gerne eine Möwe. Die Welt von oben zu sehen, wäre auch mal ganz schön.»

Selma grinst und ich bin mir nicht sicher, ob sie es ernst meint oder einen Scherz gemacht hat. Selma fängt meine Gedanken auf und meint: «Ehrlich gesagt, bin ich mir auch nicht sicher.»

«Liebe Selma, du kannst einen Antrag stellen, wenn es so weit ist», schlägt Jesus vor.

«Muss man einen Antrag stellen, wenn man auf der Erde geboren werden möchte?», frage ich.

«Ja, so in etwa», sagt Jesus. «Es wird alles gut geplant, doch leider geht der Plan nicht immer auf. Zudem gibt es viele Wesen, die auf der Erde ohne göttlichen Plan inkarnieren, aber das ist eine andere Geschichte, die wir vielleicht ein anderes Mal besprechen.»

Selma und Marianne laufen langsam zu den Kindern zurück, die jubelnd einen Kreis um sie bilden und ein Lied singen und dazu tanzen. Erzengel Michael und Engel Sebastian kommen zu uns und betrachten das Bild, das sich ihnen bietet. Dann gehen wir gemeinsam zurück zum Lichtschiff und Erzengel Michael sagt: «Es ist an der Zeit, die Schattenebenen zu bereisen. Denn die Menschen sollen wissen, dass nicht jeder in den Himmel hochfährt.»

Jesus sagt: «Wir werden die Schattenebenen nur aus der sicheren Ferne betrachten. Lasst uns losfliegen.»

IN DEN SCHATTENEBENEN

Die Schattenebenen machen ihrem Namen alle Ehre, denn es herrscht eine Düsternis in ihnen, die es schwer macht, Einzelheiten zu erkennen. Aus sicherer Entfernung sehe ich einzelne Gestalten, die in einer öden Landschaft herumlaufen. Ihre Kleidung sieht ärmlich aus und besitzt so gut wie keine Farben, außer Grau und Braun. Es wirkt, als sei jegliche Farbe aus dieser Ebene verbannt. Es ist ein trauriger Anblick. Wir stehen auf einer Anhöhe, von der aus wir das Geschehen beobachten. Jetzt nähern sich mehrere Engel den Menschen dort, doch sie werden von ihnen kaum wahrgenommen.

Jesus sagt: «Sie sind nicht offen für das Licht. Sie fühlen sich im Unrecht und viele von ihnen sind sehr stur. Einige von ihnen vertreiben die Engel, die ihnen helfen möchten, mit Steinen, die sie nach ihnen werfen.»

Tatsächlich sehe ich jetzt, dass einige von ihnen den Boden nach Steinen absuchen und sie den Engeln

entgegenschleudern. Diese Steine können den Engeln zwar nichts anhaben, doch sie wissen nun, dass sie nicht willkommen sind.

«Haut ab!», ruft eine Frau, die in schäbige Lumpen gekleidet ist. «Geht zurück zu eurem Retter und betet ihn an, da habt ihr genug zu tun!»

Sie lacht schallend und andere fallen in das Lachen ein.

«Sie meinen mich», sagt Jesus.

«Warum sind diese Menschen hier gelandet?», frage ich.

Erzengel Michael sagt: «Das hat verschiedene Gründe; die meisten von ihnen aus Unversöhnlichkeit, Rachelust und wegen ihrer Taten, die sie nicht bereuen, sondern verteidigen. Die Frau zum Beispiel hat ihren Mann betrogen, hintergangen und bestohlen. Doch statt zu bereuen, dreht sie alles ins Gegenteil und behauptet, ihr Mann hätte sie dazu getrieben, so zu handeln. Sie ist mit dem anderen Mann und mit dem Geld verschwunden und hat sich nie wieder blicken lassen. Für ihren Mann war das sehr schlimm und er wurde in seinem Leben nicht mehr glücklich. Er war gläubig und sie hat sich über ihn lustig gemacht. So redet sie heute immer noch, wie du gerade erlebt hast.»

Einer der Männer geht nun auf einen Engel zu und ruft: «Was wollt ihr hier, habt ihr nichts Besseres zu tun, als uns auf die Nerven zu gehen? Wir wollen mit euch Betbrüdern nichts zu tun haben!»

Erzengel Michael schüttelt traurig den Kopf: «Dieser Mann ist schon sehr lange hier. Er hat einen Mord aus Gier begangen und seinen eigenen Bruder vergiftet, um mehr von dem Erbe zu erhalten. Der Mord wurde ihm niemals nachgewiesen und er lebte auf der Erde in Saus und Braus. Diese Tat hat er bis zu seinem Tod nicht bereut. Ganz im Gegenteil, es hat ihn kalt gelassen. Doch hier wird er mit seiner Tat konfrontiert und bleibt so lange in den Schattenebenen, bis er erkennt, dass er falsch gehandelt hat. Er rechtfertigt seine Tat damit, dass der Bruder, es war der Jüngere, mehr verwöhnt worden wäre und er sich nur seinen Anteil geholt hätte, der ihm verwehrt geblieben war. Eine schlimme Tragödie. Sein Bruder hat ihm längst vergeben und befindet sich bei uns im Himmel. Er betet für ihn und schickt immer wieder die Engel zu ihm, damit sie ihn bekehren.»

Erzengel Michael deutet nun auf eine Frau, die abseits auf dem Boden sitzt. «Diese Frau dort wollte mit niemandem auf der Erde etwas zu tun haben. So ist es auch jetzt noch. Sie hält alle Menschen für Idioten und nur sich selbst für intelligent. Sie ist der Meinung, dass alle im Unrecht sind und sorgt dauernd für Diskussionen. Ihr Herz ist vollkommen verhärtet. Auf der Erde hatte sie zwei Kinder, die sie nicht beachtete. Sie waren ihr egal. Ihr war alles egal. Das Einzige, das sie interessierte, war Mode. Ihr Mann war wohlhabend und das Geld, das er verdiente, gab sie mit vollen Händen aus. Sie war auf jeder Modenschau anwesend und kaufte die teuersten Kleider. Für ärmere Menschen hatte sie kein Bedauern, im Gegenteil, sie machten sie wütend. Sie sollten doch gefälligst arbeiten gehen und sich nicht beklagen. Sie selbst jedoch hat nicht gearbeitet und nur vom Wohlstand ihres Mann profitiert. Als sie erfuhr, dass ihr Mann in ihrer Stadt etwas für die Obdachlosen spendete und mit seinem

Geld eine Suppenküche einrichtete, tobte sie und machte ihrem Mann schwere Vorwürfe. Auch hier beklagt sie sich ständig und verlangt nach besserer Kleidung. Das ist alles, was sie interessiert. Wie sie hier herauskommen und glücklich werden kann, will sie nicht wissen. Wenn die Engel ihr erzählen, dass es einen besseren Ort gibt, besteht sie darauf, dorthin gebracht zu werden. Die Engel erklären ihr, dass sie sich dafür zunächst ändern müsse. Sie entgegnet, dass die Engel die Einzigen seien, die sich ändern müssten.»

Jesus steht neben mir und schüttelt den Kopf. «Mir ist es ein Rätsel, wie Menschen so stur sein können. Aber sie haben einen freien Willen und können tun, was sie möchten. Wenn sie hierbleiben wollen, dann bleiben sie hier.»

«Werden sie irgendwann herauskommen?», frage ich Jesus.

«Leider sind einige schon sehr lange hier und denken gar nicht daran, etwas zu ändern. Doch mit ihrer Einstellung können sie nicht in höheren Dimensionen leben. Es steht ihnen frei, sich zu ändern oder nicht. Mehr können wir nicht für sie tun. Meine Engel kommen immer wieder zu ihnen, um sie zu bekehren, doch die wenigsten gehen mit. Doch es kommt auch immer wieder vor, dass wir einige aufklären und mitnehmen können. Die wenigsten gehen sofort in den Himmel, sondern kommen in bessere Ebenen, wo sie sich weiterbilden können. Es sind Ebenen, wo sie sich einbringen und helfen können, um ihr Herz zu öffnen.»

Ich sehe kleine Häuser, in denen ein schwaches Licht brennt.

«Diese Häuser sind die Häuser der Engel, die immer wieder in diese Ebene hinabsteigen, um die Menschen darin zu belehren. In den Häusern gibt es Bücher und Broschüren, die ihnen helfen, sich zu besinnen. Leider werden sie nur von wenigen aufgesucht. Und meistens dann, weil sich die Anwesenden bei den Engeln beschweren wollen. Umso mehr freuen wir uns, wenn ein Mensch dort nach echter Hilfe sucht und dadurch gerettet werden kann.»

Ich frage mich, ob es noch schlimmere Orte als diesen gibt.

Jesus nickt und sagt: «Aber zu diesen Orten kann ich dich nicht bringen. Zu schlimm ist das, was dort vor sich geht. Nun lasst uns zurückfliegen und einen schöneren Ort besuchen.»

Erzengel Michael führt uns zurück ins Lichtschiff. «Auf geht es zum Reinkarnationstempel», verkündet er freudig. «Dort wirst du erfahren, was alles dazu gehört, wenn eine neue Inkarnation geplant wird. Es wird sehr spannend.»

Als das Lichtschiff abhebt, sprechen wir ein Gebet für die, die wir zurücklassen.

«Vater, lass die Verlorenen dein Licht erkennen. Lass sie erkennen, dass deine Güte unendlich ist. Heile ihre Herzen von Bitterkeit und der Lust nach Rache. Heile ihre Gedanken von Egoismus und Bosheit. Lass sie erkennen, dass auch sie ein Licht in sich tragen und die Liebe in ihnen aufblühen kann. Amen.»

EIN NEUES LEBEN

Nach einem kurzen Flug landen wir vor einem imposanten Gebäude, vor dem reger Betrieb herrscht.

«Dieser Reinkarnationstempel ist nicht der Einzige, den es gibt. Es gibt sehr viele. Hier kommen die Menschen hin, die sich auf eine neue Inkarnation vorbereiten. Hier werden die Möglichkeiten eines neuen Lebens aufgrund des Karmas besprochen. Komm, wir gehen hinein», sagt Erzengel Michael und geht voran.

Im Tempel geht es noch geschäftiger zu als draußen. Erzengel Michael winkt einen der Engel heran, die dort arbeiten. Es ist ein weiblicher Engel mit langen rötlichen Haaren.

«Das ist Elana, sie kümmert sich um die Pläne der neuen Inkarnation. Wir dürfen dir heute einen Einblick darin geben.»

Elana lächelt mich an. Sie hat wundervolle grüne Augen. «Komm mit», fordert sie mich freundlich auf.

Wir folgen ihr in einen runden Raum, der in ein sanftes Licht gehüllt ist. An einem Tisch sitzt eine Frau mit schwarzen Haaren.

«Das ist Rebecca», stellt Elana sie mir vor. Rebecca nickt und lächelt mich an. Sie wirkt sehr jung, ich schätze sie auf Anfang zwanzig. «Rebecca plant eine neue Inkarnation, um ihr restliches Karma zu überwinden», erklärt Elana. Plötzlich erscheint eine schwebende Bildfläche vor meinen Augen und ich sehe Szenen aus Rebeccas Leben. Sie hatte eine behütete Kindheit, bis ihr Vater eine andere Frau kennenlernte und sich von ihrer Mutter trennte. Daraufhin benahm Rebecca sich nicht mehr gut. Sie war voller Wut und Frust und machte ihrer Mutter das Leben schwer. Obwohl die Mutter alles versuchte, um Rebecca glücklich zu machen, zeigte Rebecca ihr gegenüber nur wenig Dankbarkeit. Sie schloss sich einer Gruppe von Jugendlichen an, die die Schule schwänzten und ohne Ziel in den Tag hineinlebten. Es kam jedoch noch schlimmer. Ich sah, wie Rebecca daran beteiligt war, als ihre Freunde einen kleinen Laden überfielen und die Kasse ausraubten. Die Jugendlichen wurden nicht erwischt. Rebecca sah kein Unrecht darin, sondern ein Ventil für ihre unzähmbare Wut. Ich sah auch, dass die Engel ihr immer wieder neue Chancen gaben, sich zu bekehren und umzukehren. Doch sie schlug alle Angebote aus. Ihre Mutter, eine überzeugte Christin, wollte sie in den Gottesdienst mitnehmen, doch Rebecca zeigte keinerlei Interesse an Gott. Sie wollte so leben, wie es ihr gefiel. Als junge Frau wurde sie schwanger und ließ das Kind heimlich abtreiben. Sie erkrankte daraufhin schwer und starb an einer Blutvergiftung. Kurz bevor sie starb, betete sie um Vergebung und vergoss bittere Tränen. Aus diesem Grund wurde sie von einem Engel abgeholt und in eine Ebene gebracht, in der sie unterrichtet wurde. Ich sah, dass Rebecca alle ihre Fehler einsah und sich für eine neue Inkarnation entschied, um es diesmal besser zu machen.

«Jetzt kennst du ihr Leben», sagt Elana.

Ich nicke. Rebecca sitzt mit gesenktem Kopf vor uns. Ich spüre, dass ihr das, was sie getan hat, sehr unangenehm ist.

«Ihr Kind, das sie abgetrieben hat, ist in den Himmel aufgenommen worden und wächst dort heran», erklärt Elena. «Doch sie darf und kann es nicht sehen. Zuerst muss sie ihr Karma begleichen.»

Rebecca sagt: «Das will ich aus ganzem Herzen. Ich werde es besser machen und freue mich auf das neue Leben.» Sie lächelt und zum ersten Mal sehe ich Hoffnung in ihrem Blick.

«Einfach wird es nicht, Elena, aber wir sind überzeugt, dass du es schaffen kannst.» Zu mir gewandt erläutert Elena nun den Plan von Rebeccas neuem Leben. «Rebecca wird in einem wohlhabenden Umfeld aufwachsen. Doch sie wird nicht die Aufmerksamkeit der Eltern erhalten, die sie sich wünscht. Sie wird einen Bruder haben, der mehr Aufmerksamkeit erhalten wird. Wir wollen sehen, ob sie damit klarkommt, ohne Neid und Missgunst zu empfinden. Ihr Vater, ein Richter, wird sehr beschäftigt sein und wenig Zeit für sie haben. Sie wird in eine christliche Familie hineingeboren, die viel Wert auf den gelebten Glauben legen wird. Es wird sich zeigen, ob Rebecca in diesem Leben eine Verbindung zu Gott aufbauen wird oder sich wieder sträubt.»

«Nein, nein», meldet sich Rebecca zu Wort, «ich werde ganz bestimmt viel beten und in die Kirche gehen. Mein Ziel ist es, in der Gemeinde zu arbeiten und Frauen zu helfen, die in einer schwierigen Lage sind. Ich möchte Frauen und Mädchen helfen, dass sie nicht den gleichen Fehler machen und ihr Kind abtreiben.»

Elena lächelt. «Das wäre wundervoll, Rebecca.» Zu mir gewandt sagt sie: «Dies ist das Inkarnationsziel. Sie soll anderen Frauen in einer schwierigen Lage beistehen und sie während der Schwangerschaft unterstützen. Wenn sie das tut, ist ihr Karma getilgt und ihre Seele frei von Belastungen.»

«Mein größtes Ziel ist es, Nonne zu werden», sagt Rebecca. «Doch es reicht auch, wenn ich in der Gemeinde arbeite, ohne in das Kloster einzutreten. Doch ich bete dafür, dass ich mich ganz Gott zuwende. Das ist mein größter Wunsch für dieses neue Leben.»

Elena lächelt und sagt: «Du bekommst viel Inspiration von deinem Schutzengel, der deinen Lebensplan kennt. Je mehr du betest, umso einfacher wird es für ihn sein, dich zu führen und dich positiv zu beeinflussen. Deshalb erinnere dich stets an die Macht des Gebets.»

Rebecca nickt und sagt: «Das werde ich. Ich freue mich so sehr auf das neue Leben. Bitte betet hier für mich, damit ich es schaffe.»

«Das tun wir», bestätigt Elena. «Doch bitte bedenke auch, dass du mit deinem vergangenen Leben konfrontiert wirst. Du wirst in deiner Jugend Bekanntschaft mit anderen Jugendlichen machen, die nicht an Gott interessiert sind. Bleib stark und gehe deinen Weg.»

Rebecca sagt: «Ich werde jeden Morgen und Abend um Führung und Kraft beten. Ich bin mir sicher, dass ich es in dieser Familie schaffe und freue mich schon auf meine neuen Eltern und meinen Bruder.»

Erzengel Michael versichert ihr: «Wir werden für dich beten, Rebecca, diesmal schaffst du es.»

Wir verabschieden uns von Elena und Rebecca und verlassen den Raum. Jesus, der alles mit angehört hat, sagt: «Rebecca konnte mich nicht sehen, ihre

Energie ließ dies noch nicht zu. Ich freue mich sehr, dass sie voller Hoffnung in das neue Leben geht. Jeder Lebensplan ist individuell und wird hier gemäß dem Ziel, zur Liebe zurückzufinden, gut geplant. Ob dieser Plan im Leben aufgeht, liegt an jedem einzelnen selbst.»

Wir nähern uns einer Sitzgruppe, die von wunderschönen Pflanzen und Blumen umgeben ist. «Jeder Mensch erhält ein auf sein Karma abgestimmtes Leben, um sich von negativen Eigenschaften zu befreien. Jeder Mensch erhält in seinem Leben viele Chancen, zu Gott zu finden und liebevoll zu handeln», sagt Erzengel Michael.

«Doch nicht alle Menschen kehren auf die Erde zurück, um Karma zu überwinden. Einige wenige gehen auch, um die Menschen an die Liebe zu erinnern. Diese Menschen wirken öffentlich und kommen als göttliche Boten, um den anderen so etwas wie ein Leuchtturm zu Gott zu sein. Auch sie haben Herausforderungen, die sie meistern müssen, denn sie müssen die Probleme der Menschen kennenlernen. Diese Menschen fühlen bereits als Kind ihre Bestimmung

und folgen ihr mit großem Einsatz und manchmal unter großen Entbehrungen. Diese Menschen werden oft von anderen angefeindet, weil das Licht in ihnen sehr spürbar ist. Sie stehen jedoch unter unserem göttlichen Schutz. Sie sprechen zu den Menschen in einer einfachen Sprache, schreiben Bücher, treten öffentlich auf und haben oft großen Einfluss auf die Gemeinschaft. Sie werden von Gott geschickt und machen ihre Aufgabe gut. Es sind die Mutigen unter euch, die keine Schwierigkeit scheuen, um die Liebe Gottes zu verkünden. Sie dienen als Wegweiser und helfen den anderen, den göttlichen Weg der Liebe zu beschreiten.»

Erzengel Michael lächelt und auch Jesus lächelt. «Diese Menschen sind Engel auf Erden», sagt Jesus. «Sie sind sehr wichtig für die neue Erde. Wir freuen uns sehr, dass immer mehr Menschen offen sind für ihre Weisungen. Doch nun lasst es uns genauer erfahren und den Tempel der Engel besuchen, die als Leuchttürme auf die Erde gehen.»

ENGEL AUF ERDEN

Das Lichtschiff bringt uns zu einem Tempel aus Kristall, der im Licht wie tausende Diamanten schimmert. Um den Tempel herum weiden Einhörner. Unzählige große und kleine Blumen säumen den Weg zum Eingang. Die Blumen wiegen sich zu einer zarten Melodie, die überall zu hören ist. Als wir das Innere des Tempels betreten, werden wir von einem wunderschönen Engel empfangen.

«Das ist Erzengel Sandalphon, er ist der Engel, der sich um die Visionen für die Erde kümmert», stellt Erzengel Michael ihn vor.

Erzengel Sandalphon trägt ein rotes Gewand, das im Licht ständig seine Farbe von pfirsichfarben bis rot wechselt. Seine großen Flügel schimmern golden. Seine Haare sind kupferfarben und reichen bis weit über die Schultern. Sein Gesicht erinnert mich an die Figuren in den Gemälden von Sandro Botticelli. Er sieht sehr jung aus, ich würde ihn vom Aussehen her auf Anfang zwanzig schätzen.

«Sei gegrüßt!», sagt er freundlich und reicht mir die Hand. Seine Hand sieht aus wie Porzellan. Er lächelt geschmeichelt, denn er spürt, wie fasziniert ich von seinem Aussehen bin. «Ich zeige dir gerne den Tempel der weisen Seelen. Komm mit.»

Während wir eine lange und breite Treppe hinaufsteigen, unterhält sich Erzengel Sandalphon mit Jesus. Erzengel Michael und Engel Sebastian gehen neben mir und Engel Sebastian sagt: «Hier warst du vor deiner Inkarnation auch. Erinnerst du dich?»

Eine vage Erinnerung steigt in meinem Bewusstsein auf. Wir gehen in einen großen Raum, an dessen Ende sich eine große Bühne befindet. Viele Menschen sitzen auf sehr modernen, hellen Sitzmöbeln, die keinerlei Ecken aufweisen. Auf der Bühne steht ein Engel, der den Anwesenden einen Vortrag hält.

«Wir können kurz reinhören», schlägt Engel Sebastian vor. Wir setzen uns in eine der vorderen Reihen und lauschen dem Vortrag.

«Auf der Erde hat sich die Lage zugespitzt. Wenn ihr inkarniert, werdet ihr damit konfrontiert. Es sind einige Menschen auf der Erde, die sich durch die zugespitzte Lage antreiben lassen, das Schlechte heraufzubeschwören. Am besten ihr haltet euch von negativen Prophezeiungen fern. Negative Prophezeiungen schwächen eure Energie und bringen euch von eurer Aufgabe ab. Je distanzierter ihr mit allem umgeht, was auf der Erde geschieht, umso einfacher wird es für euch, eure Aufgabe zu erfüllen. Doch auf der Erde ist es nicht immer einfach, dem Negativen zu entfliehen, da es an jeder Ecke auf euch wartet. Von daher rate ich euch, schon als Kinder Abstand zu halten von zu viel Klatsch und Tratsch. Wir werden dafür sorgen, dass ihr einen guten Freund oder eine gute Freundin findet, damit ihr euch nicht mit den Menschen verwickelt, die ihr Karma abbauen. Es wird sich jedoch nicht gänzlich verhindern lassen. Ihr müsst also aufpassen, dass ihr euch nicht ins Drama ziehen lasst. Ganz zu schweigen davon, dass die Dunkelmächte, die den Aufstieg verhindern wollen, euch immer wieder in eine Falle locken werden. Erinnert euch in solchen Situationen an das Gebet und entfernt euch von Menschen, die euch auf eurem Weg nicht unterstützen. Ihr alle werdet eine gewisse

Unnachgiebigkeit auf die Erde mitnehmen, die euch hilft, euren eigenen Weg zu gehen. Schon früh werdet ihr nach Selbstständigkeit streben und die ausgetretenen Wege der Erde verlassen. Lasst euch von Außenstehenden nicht hineinreden. Auch nicht von eurer Familie, sollte diese Bedenken haben.»

Eine junge Frau hebt die Hand und fragt: «Was mache ich, wenn ich in eine finanzielle Notlage komme?»

Der Engel antwortet: «Wir werden dafür sorgen, dass du immer versorgt bist. Da ihr alle kein finanzielles Karma braucht, werdet ihr von uns mit allem versorgt. Bitte erinnert euch, dass es bei euch nicht um normale karmische Themen, sondern um die Erfüllung einer göttlichen Mission geht. Ihr werdet bei jedem Schritt von uns unterstützt. Natürlich kann es vorkommen, dass es kurze Zeiten gibt, wo nicht alles glatt läuft, aber das erfolgt nur, um euch in eure Kraft zu bringen.»

Die Frau lächelt dankbar. Ein junger Mann hebt die Hand und fragt: «Was ist mit Beziehungen und Kindern?»

Der Engel lächelt und sagt: «Das könnt ihr selbst wählen. Die meisten göttlichen Boten entscheiden sich für ein Leben ohne eigene Kinder, um sich voll und ganz auf ihre Mission zu konzentrieren. Doch es gibt auch solche, die Kinder haben. Oft schleichen sich bei ihnen jedoch Verzögerungen ein, da sie sich mit den üblichen Problemen des Lebens auseinandersetzen müssen. Bitte versteht, dass es bei den göttlichen Boten nicht darum geht, das Leben so zu leben, wie es andere tun. Ihr habt eine göttliche Aufgabe zu erfüllen. Ihr werdet euch schon mit genug Gefühlen auseinandersetzen müssen. Wenn ihr zur Erde geht, werdet ihr das Gefühl haben, nicht zur Gemeinschaft zu gehören. Ihr werdet Schwierigkeiten damit haben, die Menschen zu verstehen. Deshalb ist es für euch so wichtig, dass ihr euch mit uns verbindet. Viele von euch gehen zum ersten Mal zur Erde. Es wird ein Schock für euch sein, da vieles noch nicht optimal auf der Erde läuft. Doch seid beruhigt, denn die Erde befindet sich mitten in der größten Transformation, die sie je erlebt hat. Und ihr alle werdet Teil dieser Transformation sein. Mehr noch, ihr werdet diese Transformation maßgeblich auslösen und beschleunigen.» Die Anwesenden klatschen Beifall und fallen sich in die Arme. «Viele von euch werden inkarnieren, doch einige von euch werden den direkten Weg nehmen. Das heißt, ihr werdet einen irdischen Körper erhalten und mit einem Lichtschiff abgesetzt. Ihr werdet alles Notwendige empfangen, das ihr für das Leben auf der Erde braucht. Wir sind mittlerweile in den leitenden Positionen anwesend und haben große Kontrolle über die Dinge auf der Erde. Ihr werdet dafür zuerst auf die Venus und auf den Jupiter gebracht, um von dort zur Erde zu gelangen. Dieses Programm läuft schon seit vielen Jahren und wir bauen es immer mehr aus. Einige von euch werden sich als vom Himmel gesandte Engel preisgeben. Unabhängig davon, ob ihr inkarniert oder den direkten Weg wählt, in sehr naher Zukunft werden wir die Erde für alle sichtbar besuchen. Für viele Menschen wird das ein großer Schock, während andere schon lange auf uns warten. Ihr habt die Aufgabe, zwischen uns und den Menschen zu vermitteln. Die Zeit der Zusammenkunft ist nahe. Wir freuen uns sehr darauf. Schon heute fliegen viele unserer Schiffe sichtbar am Himmel. Doch bald wird es so unmissverständlich sein, dass die ganze Geschichte der Erde sich verändern wird. Dies sind großartige Zeiten, die die Erde erwartet und wir freuen uns, dass ihr die Erde auf ihrem Weg in die Freiheit unterstützen werdet.»

Wieder gibt es Beifall, diesmal sogar mit Standing Ovations. Auch wir stehen auf und klatschen Beifall. Erzengel Michael lacht und sagt: «Die Erde wird in naher Zukunft in die galaktische Föderation aufgenommen. Darauf hat sie lange gewartet.»

Wir verlassen den Raum und gehen mit Erzengel Sandalphon nach draußen zu den wunderschönen Einhörnern. Ein Einhorn mit silbrig schimmernder Mähne kommt zu uns und berührt mich mit seinem Horn an der Stirn. Telepathisch vermittelt es mir: «Du bist eine große Seele, folge deinem Herzen. Fürchte dich nicht vor den Veränderungen, die kommen werden. Gott hat einen wundervollen Plan für die Erde. Auch wir Einhörner kommen zurück. Freue dich, denn das Licht kommt zur Erde zurück. Die lange Phase der Dunkelheit neigt sich ihrem Ende.»

Erzengel Sandalphon lächelt und sagt: «So ist es, die neue Erde kommt, das Zeitalter des Lichts ist nicht mehr aufzuhalten.»

Erzengel Michael sagt: «Es wird Zeit, die Venus zu besuchen, dies wird unsere letzte Station sein. Bist du bereit?»

«Ja, ich bin bereit.»

Wir verabschieden uns von Erzengel Sandalphon und gehen zurück zum Lichtschiff, das uns zur Venus bringen wird.

REISE ZUR VENUS

Mich interessiert sehr, wo wir auf der Venus landen werden. Laut den Wissenschaftlern der Erde ist die Venus ein Planet mit ungeheuer hohen Temperaturen auf ihrer Oberfläche.

«Das stimmt nur zum Teil», sagt Erzengel Michael, der meine Gedanken empfangen hat. «Eure Wissenschaftler schauen nur auf die Oberfläche der Venus, doch es gibt eine innere Venus, wo es nur so warm ist, wie in den warmen Zonen auf der Erde. Außerdem können wir die Temperaturen beeinflussen.»

Auf einem Bildschirm im Lichtschiff wird mir die Venus eingeblendet, der wir nun immer näherkommen. Nach kurzer Zeit sehe ich, wie das Lichtschiff durch einen Vulkan ins Innere der Venus fliegt.

«Wie ist es möglich, durch einen Vulkan zu fliegen?», frage ich überrascht.

«Unser Lichtschiff hat keine feste Materie und wird von Hitze oder Kälte nicht beeinflusst.»

«Aber ich kann die Dinge doch berühren», entgegne ich.

«Ja, weil sie auf einer anderen Energieebene so real sind wie ein Baumstamm auf der Erde», erklärt Erzengel Michael und lächelt.

Wir landen auf einem sehr großen Flughafen, wo viele Lichtschiffe ein- und ausfliegen.

«Hier ist ja was los», bemerke ich erstaunt.

«Die Venus ist der Planet, von dem aus die galaktische Föderation in eurem Sonnensystem wirkt. Nicht nur die kurze Entfernung zur Erde macht sie zum idealen Standort, sondern auch ihre Energie», erklärt Jesus.

Wir verlassen den Flughafen mit einem kleinen Lichtschiff, das von einem Venusier geflogen wird. Er ist groß, von schlanker Statur und hat langes, sehr helles Haar. Seine Ausstrahlung ist freundlich und heiter. Nach einem kurzen Flug landen wir vor einem großen Tempel, der in sanften Pastelltönen schimmert.

«Komm mit», sagt Erzengel Michael, «du wirst bereits vom hohen Rat erwartet.»

Wir gehen durch die große Eingangshalle in einen runden Raum mit sanfter Beleuchtung. Die Wände sind mit wunderschönen Motiven bemalt, die unterschiedliche Planeten zeigen. Ich sehe auch das Bild der Erde, die in einem sanften Türkis leuchtet. In der Mitte des Raumes sitzen verschiedene Wesen an einem runden Tisch. Es sind nicht nur menschenähnliche Vertreter dort, sondern auch Wesen, die eher wie Katzen oder Echsen aussehen. Alle Anwesenden haben etwas Erhabenes an sich und wirken fast aristokratisch.

«Es sind Botschafter und teilweise Könige und Königinnen unterschiedlicher Völker», sagt Erzengel Michael.

Eines der Wesen, das einer Echse gleicht, steht auf und heißt mich willkommen. «Meinen Namen würdest du nicht verstehen», sagt es und lacht. «Nenn mich einfach John. Das ist mein Name, den ich für euch Erdenbewohner nutze. Um es gleich vorwegzunehmen, ich gehöre nicht zu den Echsen, die euren Planeten versklavt haben, sondern bin Mitglied einer altehrwürdigen friedlichen Rasse im Kosmos.

Wir sind Veganer und leben schon seit Millionen von Jahren in Frieden mit anderen Völkern. Mein Äußeres mag für dich ungewöhnlich erscheinen, doch ich bitte dich um Unvoreingenommenheit.»

John lächelt wieder und klopft mir freundschaftlich mit seiner Echsenhand auf die Schulter. Ich nehme an, dass er diese Geste macht, weil die Menschen auf der Erde sie machen. John hat eine friedliche Ausstrahlung und wirkt wie ein Wesen, das den ganzen Tag meditiert.

«Tatsächlich meditieren wir gerne», bestätigt John, meine Gedanken aufgreifend. «Aber nun lass uns zum wichtigen Teil deines Besuches kommen.»

Ich schaue in die Runde und blicke in freundliche, entspannte Gesichter. Ein katzenähnliches Wesen gibt schnurrende Geräusche von sich, die dem gesamten Raum ein angenehmes Ambiente geben.

Eine von der Venus stammende Frau übernimmt das Wort und sagt: «Wir sind heute hier zusammengekommen, um über die Zukunft der Erde zu sprechen. Wir wollen es nicht beschönigen und klare Worte nutzen. Die Erde ist in höchster Gefahr. Obwohl es beschlossen ist, dass sie gerettet wird, befindet sie sich gerade in einer schwierigen Lage und wir haben alle Mühe, das Schlimmste abzuwenden. Wir beobachten die Machthaber auf der Erde und sie haben einen Plan, der uns nicht gefällt. Nicht nur, weil wir die Erde sehr lieben, sondern auch darum, weil sie sich in Gebiete einmischen, wozu sie keinerlei Befugnis haben. Die Experimente, die sie durchführen, sind nur aufgestiegenen Völkern mit großem Wissen erlaubt. Einige der Experimente würden wir niemals durchführen, weil sie dem Planeten nachweislich schaden. Eure Machthaber sind in den Kosmos vorgedrungen und haben den Plan, ihn zu erobern. Sie haben Verträge mit niederen Rassen gemacht, die nicht der galaktischen Föderation angehören. Um es kurz zu machen, wir bereiten uns auf eine mögliche Intervention mit euren Machthabern vor. Außerdem steht alles für eine groß angelegte Evakuierung bereit, falls es notwendig wird.»

Ein besorgter Ausdruck hat sich auf ihr Gesicht gelegt. Doch dann lächelt sie und sagt: «Auch wenn die Lage ernst ist, so sollen die Menschen wissen, dass die Erde gerettet wird. Auf welche Art und Weise das geschieht, ist noch nicht klar. Da eure Machthaber und ihre willigen Ausführer unberechenbar sind, ist mit allem zu rechnen.»

Ich frage mich, was wir Menschen zu einem friedlichen Übergang in eine bessere Welt tun können.

«Ihr könnt beten und meditieren. Es könnte so viel einfacher sein, wenn die Menschen um die ihnen innewohnende Macht wüssten, doch leider haben viele ihre Erinnerung verloren und leben ein aus unserer Sicht sehr stumpfsinniges Leben. Doch es gibt auch gute Nachrichten, denn es gibt immer mehr Menschen, die erwachen und anfangen, das Geistige in sich zu entfalten.»

John ergreift nach einer kurzen Pause das Wort. «Die Menschen sollen wissen, dass wir bereits seit vielen Äonen auf der Erde ein- und ausgehen. Einige von uns leben sogar dort, doch im Augenblick noch unerkannt, was sich aber kurzfristig ändern kann. Eure Machthaber wissen davon und es gefällt ihnen gar nicht. Doch sie sind uns technisch und medial unterlegen und können uns nichts anhaben.»

John lächelt und klopft mir wieder auf die Schulter. «Wir schaffen das schon», sagt er, die menschliche Natur imitierend.

Die Venusierin ergreift noch einmal das Wort und verkündet feierlich: «Die Erde wird aufsteigen und ein heiliger Planet werden. Sie wurde ausgewählt, ein Juwel des Kosmos zu werden, wo unzählige Völker in Frieden zusammenleben werden. Sie wurde von Gott ausgewählt ein Planet der Liebe und Barmherzigkeit zu sein. Jeder, der diesen Plan verhindern will, wird nicht mehr lange Teil von ihr sein.»

Auf einer Bildfläche, die in der Mitte des Raumes erscheint, sehe ich die neue Erde. Mir zeigt sich ein Bild von unendlicher Schönheit. Doch die Erde wird ihre Farbe wechseln. Sie wird nicht mehr blau wirken, sondern grün. Die Venusierin erhebt noch einmal ihre Stimme und sagt: «Wolf und Lamm sollen weiden zugleich, der Löwe wird Stroh essen wie ein Rind, und die Schlange soll Erde essen. Sie werden nicht schaden noch verderben auf meinem ganzen heiligen Berge, spricht der Herr.» (Jesaja 65:25, LU12) Alle Anwesenden verbeugen sich vor Jesus.

Jesus lächelt und sagt: «Amen, so sei es. Danke, meine geliebte Gemeinde.»

Glücklich lasse ich meinen Blick ein letztes Mal durch den Tempel schweifen. Ich weiß, dass es nun Zeit für mich ist, heimzukehren. Die Erde wartet auf mich. Aber es ist nicht mehr dieselbe Erde, wie ich sie vor der Reise zum Himmel kannte. Ich kann die Neue Erde ganz stark spüren und kehre voller Vorfreude in mein Leben zurück.

LICHTBOTSCHAFT DER PLEJADER

Die Erde befindet sich in einer neuen Position und wird ihre Energie in Kürze sehr stark erhöhen. Dies wird zu einigen Anomalien auf eurem Planeten führen. Eure Wissenschaftler werden diese Dinge nicht verstehen und sie werden sie euch womöglich verschweigen. Doch ihr sollt wissen, dass sich die Erde neu einschwingt und dass dadurch vieles auf eurer weltlichen Ebene neu justiert wird. Ja, es werden die Veränderungen sein, auf die viele lange gewartet haben – und die manche auch gefürchtet haben, denn einige sind nicht bereit für die Veränderung.

Achtet jetzt auf euer Energiesystem, denn auch eure Körper sind betroffen. Wenn eure Energie schon hoch ist, werdet ihr euch teilweise euphorisch fühlen. Wenn eure Energie noch nicht auf die neue Schwingung angeglichen wurde, kann es zu einigen Symptomen kommen. Vor allem im seelisch-psychischen Bereich wird sich dies auswirken

Betet und meditiert, denn das ist es, was euer Körper jetzt braucht. Wir haben bereits viele Meditationen durch unser Medium Conny Koppers zur Verfügung gestellt, die euch helfen, eure Energie zu erhöhen. Wenn ihr spürt, dass ihr empfindsamer werdet, so hüllt euch täglich in das Licht Gottes. Ändert eure Gedanken, eure Gefühle und ändert die Art eurer Ernährung. Eure Körper verlassen die dichte Ebene. Ernährt euch möglichst von unbehandelter Nahrung. Gemüse und Obst sind eine gute Wahl. Die Veränderungen, die jetzt geschehen, werden groß sein. Macht euch bereit.

Wir grüßen euch aus den kosmischen Bereichen. Wir sind euch nahe.

Eure Brüder und Schwestern aus dem All

SCHUTZGEBET AN DEINE ENGEL

Liebe Engel, meine himmlischen Begleiter, ihr seid mir von Gottes Liebe anvertraut, um mich vor allem zu bewahren, was mir Schaden könnte. Bitte steht mir schützend zur Seite und leitet mich auf meinem Weg. Umgebt mich mit eurer Liebe und erfüllt alles um mich herum mit eurem Licht. Entfernt das, was mir nicht dient, und schirmt alles ab, was nicht mit der Liebe in Einklang steht.

Bitte bringt eure Gnade in alle Bereiche meines Lebens, indem ihr den gegenwärtigen Moment mit eurer Güte erfüllt.

Eure Nähe zu mir befreit meine Energie von allen niederen Schwingungskräften und verbindet mich mit den höchsten Ebenen. Möget ihr immer bei mir sein, heute und alle Tage.

Ich danke euch für alles, was ihr jemals für mich getan habt. Durch eure Segnungen bin ich bereit, Fülle, Frieden, Reinheit und Liebe zu empfangen.

Ich bin offen für Gottes Wunder. Danke. Amen.

SCHUTZGEBET AN MARIA

Heilige Mutter Maria, ich bitte um deinen Segen, deinen Schutz und deine Gnade. Deine Barmherzigkeit und Liebe strömen durch den heiligen Geist zu mir herab und erfüllen mich und alle Menschen auf Erden. Tröste mich mit deiner Güte, richte mich mit neuer Hoffnung wieder auf.

Dein Vertrauen in die täglichen Wunder Gottes soll mich erreichen und mir neue Kraft verleihen. Deine mütterliche Liebe erbitte ich für mich und für alle Kinder Gottes. Mit deiner Fürsorge soll es uns an nichts mangeln.

Ich öffne mein Herz für deine Gaben, all meine Wünsche lege ich dir nun vor, übergebe sie in deine Hände und vertraue, dass sie unter deiner Obhut gedeihen.

GEBET ZUR BEFREIUNG

Ich bitte darum, einen heiligen Raum zu schaffen, in dem mir der Schutz Gottes, Jesu und Marias und aller Engel und himmlischen Wesen sicher ist. Ich bin vollkommen geschützt und sicher.

Ich bitte um Vergebung für alles Unrecht, das ich getan habe, auch wenn es mir nicht bewusst war. Ich danke von ganzem Herzen für die Vergebung, die mir zuteilwird.

Ich öffne mein Herz für die unendliche, bedingungslose Liebe und verzeihe meinerseits allen anderen und auch mir selbst. Ich lasse alle Beschuldigungen und Verurteilungen los.

Ich bitte darum, mich von allen alten Glaubensmustern, Verhaltensweisen, Ängsten und Schwüren zu befreien und diese in Liebe aufzulösen.

Ich bitte Gott, Erzengel Michael, Jesus und Maria alle meine karmischen Verstrickungen in alle Richtungen der Zeit zu lösen. Ich bitte darum, dass alle energetischen Beschwerden, die durch Karma verursacht wurden, abgelöst werden dürfen. Sollte es noch notwendig sein, dass mir Fehlverhalten bewusst wird, so bitte ich um Führung und darum, mir dies zu zeigen, sodass ich daran arbeiten kann. Reinigt und öffnet bitte meine feinstofflichen Kanäle und mein Energiefeld.

Stärkt mich in meinem Glauben und Vertrauen. Bitte kümmert euch um alle erdgebundenen Seelen, Anhaftungen und Besetzungen aller Art und geleitet sie ins Licht, soweit es Gottes Wille ist.

Lasst mich meine Lebensaufgabe erkennen und zeigt mir bitte den richtigen Weg. Schützt und leitet mich und alle, die mir lieb und wichtig sind.

Ich bin frei. Ich bin frei. Ich bin frei!

Danke!

GEBET FÜR GÖTTLICHE KRAFT

Erhabener allumfassender Gott, unendlicher Schöpfer von allem, was ist. Du hast den Kosmos sichtbar und unsichtbar gestaltet.

Ich erfreue mich an deiner mächtigen Gegenwart, die mich jetzt mit ihrer heiligen Kraft durchströmt und alles von mir entfernt, was nicht zu mir gehört!

Ich empfange jetzt deine ewige Jugend, deine Schönheit, deine Vitalität, deinen Reichtum, deine Freude und deine Liebe!

Ich danke für den Überfluss, der jetzt in mein Leben strömt. Du mächtiger, unendlicher Quell von unermesslichen Reichtümern, die du mir verheißen hast!

Ich verneige mich vor dir in voller Verehrung und Vertrauen in deine lenkende Kraft.

Du bist das große Licht der Erleuchtung, die du mir jetzt in jeder Zelle schenkst.

Du bist die mächtige Kraft in mir, die sich jetzt in mir entfaltet.

Und so spreche ich im Vertrauen zu deiner Kraft:

Ich bin die Auferstehung und die Liebeskraft in ihrer höchsten Form.

Ich bin das Licht, das die Dunkelheit erleuchtet.

Ich bin die göttliche Intelligenz und die Weisheit, die große Erkenntnis bringt.

Ich bin die Liebe, die mächtige, heilige Kraft des lebendigen Feuer Gottes.

 Conny Koppers ist spiritueller Coach und Autorin. Bereits im Jahr 2010 hat sie begonnen, ihre Weisheiten mit der Welt zu teilen. Mittlerweile inspiriert sie Millionen Menschen über die sozialen Medien. Sie lebt auf einer Nordseeinsel und genießt mit ihren Hunden das Leben am Meer.

Weitere Neuigkeiten zu Büchern und Aktuelles der Autorin unter: www.connykoppers.de
Instagram: www.instagram.com/conny.koppers

150 Botschaften, die dein Leben verändern

Conny Koppers
Nachrichten von Gott
224 Seiten, broschiert
ISBN 978-3-98763-000-2
€ (D) 16,90/ € (A) 17,40

In 150 mutmachenden Botschaften hat die Autorin Vertrauen schenkende und lebensweisende Anregungen von Gott in Worte gefasst. Sie werden dir helfen zu erkennen, wie wertvoll du **tatsächlich** bist. Diese Nachrichten von Gott schenken dir himmlische Unterstützung, die dich und dein Leben zum Besseren verändern werden. Sie sind dein ganz persönlicher und direkter Draht nach oben.

»Es ist das segenreichste, persönlichste Buch, das ich je besessen habe.«

Affirmationen
für Erfolg und Wohlstand

Conny Koppers
Jetzt beginne ich neu
144 Seiten, Taschenbuch
ISBN 978-3-98763-003-3
€ (D) 12,90/ € (A) 13,30

Einer der schnellsten Wege zu einem erfolgreichen Leben sind Affirmationen. Diese 101 Affirmationen für Erfolg und Wohlstand programmieren dein Unterbewusstsein neu. Du wirst zu einem Magnet für Glück und Reichtum. Öffne dich für die grenzenlose Fülle des Universums und empfange das, was dir zusteht!

»Mein Leben hat einen Sinn. Ich bin hier, um erfolgreich zu sein. Ich bin hier, um glücklich zu sein. Ich bin hier, um die Welt zu bereichern.«

Schutz und Kraft für dich und dein Leben

Robby Altwein
111 Gebete für die Seele
240 Seiten, Taschenbuch
ISBN 978-3-98763-005-7
€ (D) 12,90/ € (A)13,30

Die 111 Gebete für die Seele sind dein Werkzeug, mit dem du dich täglich auf Fülle, Freude und Liebe ausrichtest. Bereits ein Gebet am Tag bewirkt eine große Transformation. Lies täglich ein Gebet und lass es für dich wirken. Gutes zu empfangen darf leicht sein.

»Ich liebe deine Gebete. Sie sind Balsam für meine Seele!«

»Deine Gebete sind so hilfreich! Wenn ich bedrückt bin, bauen diese mich wieder auf!«